**Corporate Culture**
**can have a significant impact**
**on a firm's long-term**
**economic performance**

John Kotter & James Heskett
*Harvard Business School,*
*Corporate Culture and Performance*

2. überarbeitete Auflage

**SHORT CUTS GmbH**
**design + kommunikation**
**Mehringdamm 55**
**10961 Berlin**

**T 030-25 39 12-10**
**F 030-25 39 12-20**
**www.short-cuts.de**

**Titel & Gestaltung**
Astrid Paul, Creative Director
**Konzept & Text**
Jannyn Jolic, Unternehmens-kommunikation

Printed in Germany
**ISBN 978-3-9808656-3-0**

Fotos
SHORT CUTS, außer:

S. 8
Great Place to Work®

S. 148 / 149; S. 152 / 153,
Leniger Fotografie GmbH
www.leniger.de

S. 150 / 151
Clemens Bilan
www.clemensbilan.de
Franziska Krug
www.pressefotografin.de

S. 154 / 155
Jörg Steck
www.joergsteck.de

S. 156 / 157
STUDIO314, Bjørn Ewers
www.studio314.de

S. 162 [Udo Lindenberg]
Tine Acke
www.tineacke.de



$CO_2$ NEUTRAL
141070547
by flyeralarm

Von der Kunst grün zu sein: Unternehmenskultur bei **sh⊙rt cuts**

# CORPO RATE CULTURE

Unternehmenskultur ist *gelebte* Corporate Identity

DESIGN IST
EINE FORM DES
MITDENKENS.

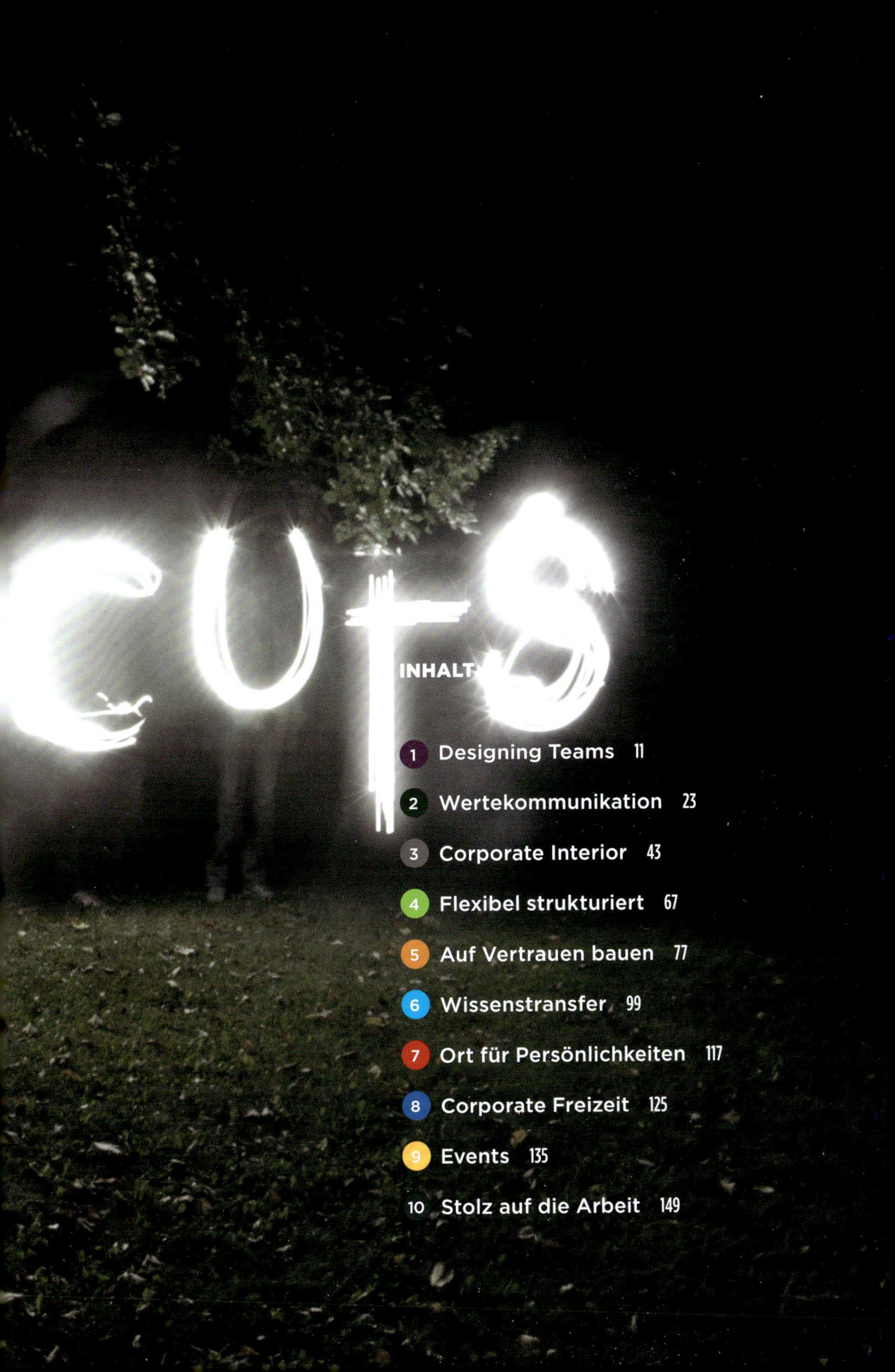


INHALT

Schönheit
Relevanz
Bewusstsein

**short cuts** ist ein Ort der Entfaltung für seine Mitarbeiter und seine Kunden. Wir helfen beiden dabei, sich zu entwickeln und ihre Potenziale zu nutzen.

Unser Ziel ist es durch Kreativität, Leistung und Partnerschaft, Relevanz, Schönheit und Bewusstheit zu schaffen. Wir realisieren das unter betriebswirtschaftlichen Gesichtspunkten nutzbringend für alle Seiten.

Das macht uns zum idealen Partner für Unternehmen, die sich weiterentwickeln und strategische Wertekommunikation umsetzen wollen.

**Zur Prämierung**

short-cuts.de/warum/great-place-to-work/

## Wie SHORT CUTS zum Besten Arbeitgeber wurde

Seit 20 Jahren gestalten wir für unsere Kunden Identitäten im Web- und Printbereich. Unsere Erfahrung zeigt, dass das Design guter Außenkommunikation mit dem Blick nach innen startet. Was sind die Werte des Unternehmens, was ist die Kultur?

Diesen Fragen haben wir uns 2014 auf Wettbewerbsniveau gestellt und sind prompt als BESTE ARBEITGEBER Berlin-Brandenburgs prämiert worden. In der Benchmark-Studie von GREAT PLACE TO WORK wurden unsere Mitarbeiter anonym zu zentralen Arbeitsplatzthemen wie Vertrauen, Identifikation, Teamgeist, berufliche Entwicklung, Vergütung, Gesundheitsförderung und Work-Life-Balance befragt. Eine Befragung, durch die wir uns selbst verändert haben. Wir haben unsere Agentur umstrukturiert, Teams gemischt, uns selbst evaluiert und viel zur Entwicklung der einzelnen Mitarbeiter organisiert. Eine umfassende Corporate Culture Strategie ist das Resultat.

Kreativitätsworkshops, Coachings, Events, Corporate Interior, Wertekommunikation, Corporate Design, Meetingkultur, Wissenstransfer — Dieses Buch führt Sie hinter die Kulissen von SHORT CUTS. Wir zeigen Ihnen, wie wir unseren Teamspirit entwickelt haben und freuen uns, Sie damit zu inspirieren.

# 1

# DESIGNING TEAMS

*Corporate Culture ist*
*die DNA eines Unternehmens*

**PERSÖNLICHKEIT**
Unternehmensidentität als Summe der Botschaften

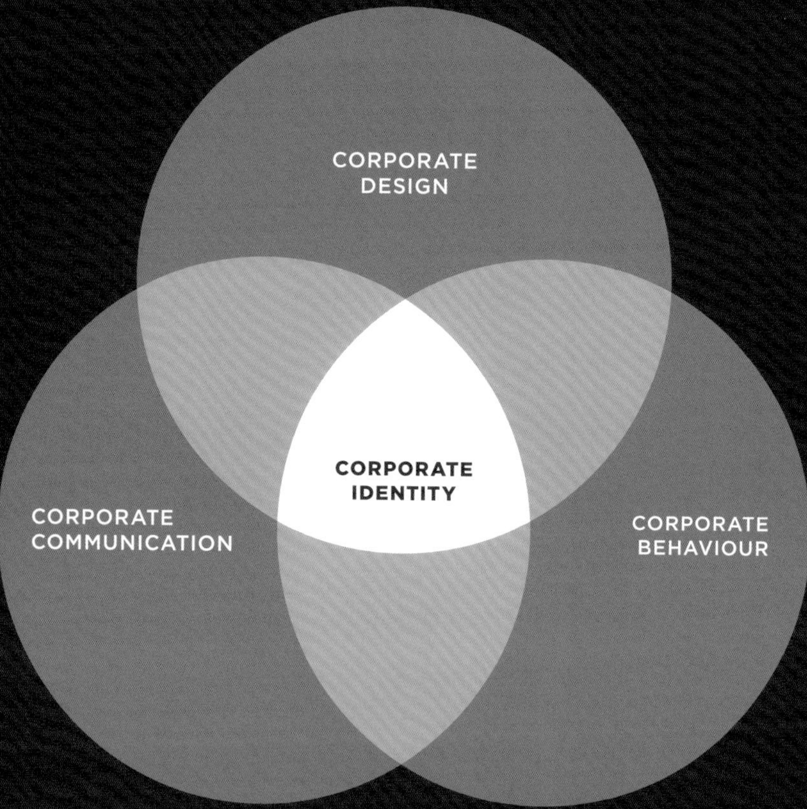

**Unternehmenserfolg entsteht im Unternehmen selbst.**

Ein starkes Team ist die Kraft hinter jedem erfolgreichen Unternehmen.

Corporate Culture ist das Herzstück der Teamentwicklung: identitätsstiftend und die Relevanz von Unternehmenskommunikation fördernd.

Corporate Culture ist die treibende Kraft, aus der heraus Unternehmen am Markt agieren. Sie basiert auf dem Verhalten und den Wertesystemen der Mitarbeiter im Team.

Mit Corporate Culture wird Corporate Identity geschaffen. Identität, die von Kunden wahrgenommen wird.

*Will man ein Unternehmen stärken,*
*heißt das in Teamaufbau investieren.*

## **WIRKKRÄFTE**
der Corporate Culture

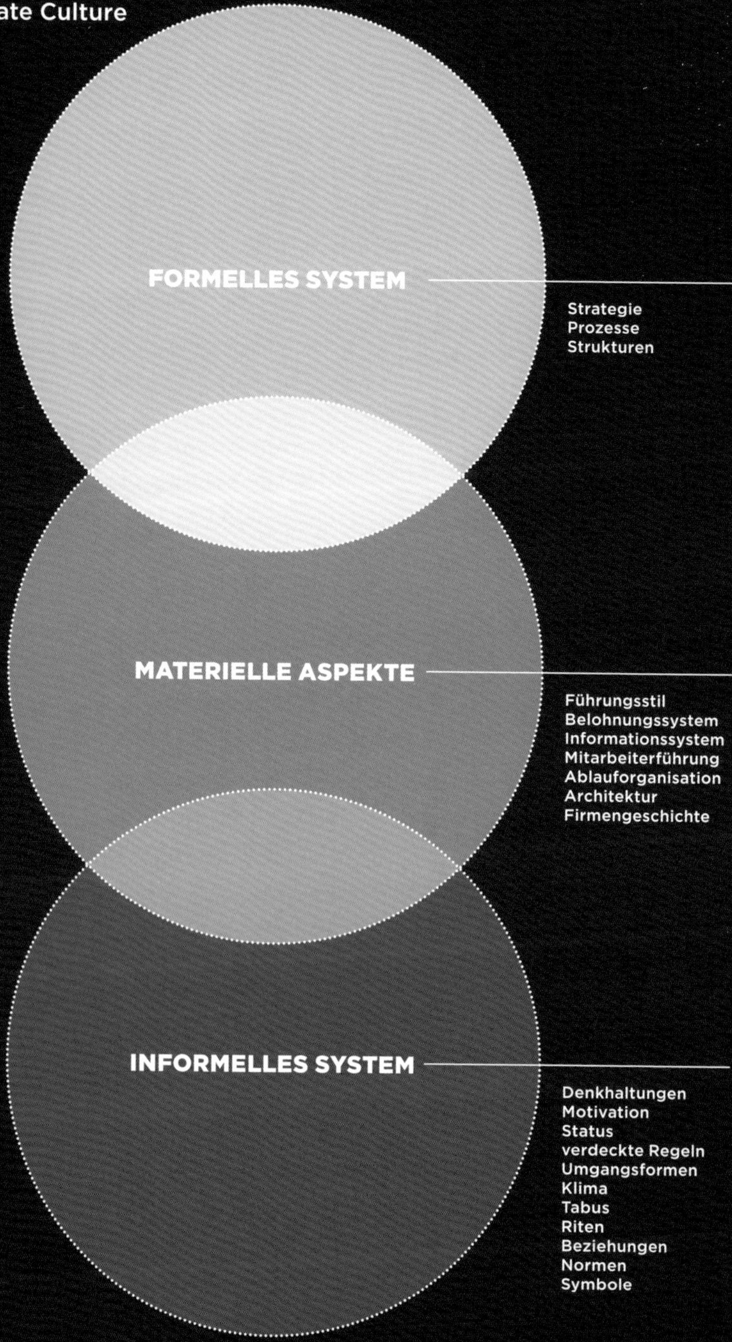

## KULTUR
## **IST IDENTITÄT**

Unternehmenskultur ist ein strategischer Prozess, der mit der Kommunikation von Werten Visionen schafft und die Grundlage einer langfristigen Unternehmensführung ist.

Drei Systeme beeinflussen Corporate Culture maßgeblich. Wer eine gute Kultur in seinem Unternehmen etablieren will, sollte sich über die materiellen Aspekte im klaren sein. Ein Belohnungssystem ist dabei das Offenkundigste. Für das Einordnen des Führungsstils kann eine anonyme Befragung blinde Flecken sichtbar machen. Auch das formelle und das informelle System kann maßgeblich gestaltet werden. Etablierte Strukturen und Prozesse bewirken ein effizienteres Arbeiten. Denkhaltungen und Motivationen beeinflussen maßgeblich den Erfolg des gesamten Unternehmens. Wenn Mitarbeiter mit einer positiven Grundhaltung über
das Unternehmen berichten, sind sie optimale Multiplikatoren — und damit dessen beste Werbung.

## UNTERNEHMENSKOMMUNIKATION
Im Team fängt das Image an

**MARKENKOMPETENZ**
*Wer sind wir?*

**TONALITÄT**
*Wie sind wir?*
- Persönlichkeitsmerkmale
- Beziehungsmerkmale
- Erlebnisse

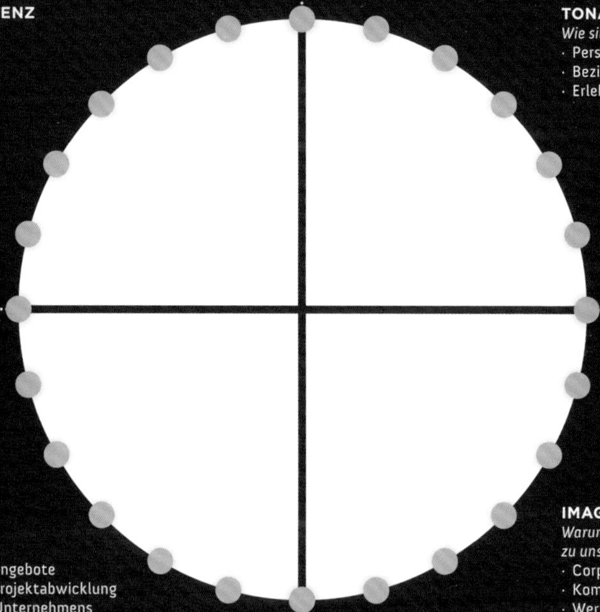

**NUTZEN**
*Was bieten wir an?*
- Eigenschaften der Angebote
- Eigenschaften der Projektabwicklung
- Eigenschaften des Unternehmens

**IMAGE**
*Warum kommen Kunden zu uns?*
- Corporate Design
- Kommunikation
- Werte

1 **CORPORATE CULTURE**
Designing Teams

Die Gestaltung von Unternehmenskommunikation beginnt oft bei ganz einfachen Fragen. Wer?, Wie?, Was? macht ein Unternehmen authentisch? Fragen, mit denen sich Leistungsbereiche und Kernkompetenzen von Unternehmen anhand des Markensteuerrads herausarbeiten lassen.

Dabei ist die Frage nach dem Warum? oft die Wichtigste. Warum sollten Kunden zu Ihnen kommen? Gleichzeitig ist dies auch die Frage, die mitunter am wenigsten greifbar ist. Denn hier geht es nicht um Faktenwissen sondern um Emotionen. Kunden entscheiden sich oft emotional. Was sie kaufen ist: Ihr Image.

*»Man kann nicht nicht kommunizieren« [Paul Watzlawick]*

Jedes Unternehmen, ob es will oder nicht besitzt ein Image. Ob Mitarbeiter, Kunden oder Mitbewerber, jeder der mit Ihrem Unternehmen in Beziehung steht, hat ein Bild von Ihrem Unternehmen. Kultur, Teamgeist, Serviceorientierung, Kommunikation, Glaubenssätze — viele Aspekte beeinflussen dieses Bild, im besten Fall positiv.

Will man also ein positives Image bewusst aufbauen, sind Design, Kommunikation und Werte die wesentlichen Bausteine. Mit diesen Elementen beeinflussen Sie neben dem Image Ihrer Unternehmenskultur auch Ihre Wiedererkennbarkeit bei den Kunden. Wenn Sie an Ihren Teams arbeiten, arbeiten Sie zugleich an Ihrem Image.

**MOTIVATION VERANKERN**
Bedürfnisse erfüllen

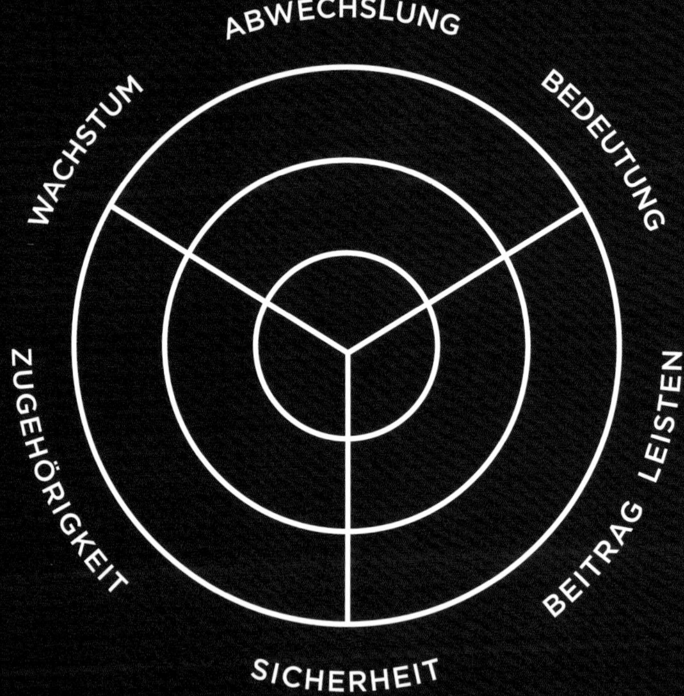

**Woran erkennen Sie eine gute Unternehmenskultur?** Ganz einfach: An einer positiven Grundstimmung im Unternehmen. Diese äußert sich dadurch, dass Kunden gern zu Ihnen kommen und Ihre Mitarbeiter motiviert sind. Ein hoher Krankenstand sollte beispielsweise immer zu denken geben und Grund zu einem genaueren Hinschauen sein.

Wenn Sie einen hohen Krankenstand haben, sind Ihre Mitarbeiter unter Umständen nicht so motiviert wie sie es sein könnten. Sie selbst können Ihre Mitarbeiter nicht motivieren. Aber: Sie können den Raum schaffen, in dem sich eine positive Kultur entwickeln kann.

Dem bekannten Motivationstrainer Tony Robbins zufolge lassen sich unsere sämtlichen menschlichen Handlungsmotive in sechs Kategorien zusammenfassen. Ob der Wunsch einen Beitrag zu leisten, der Wunsch nach Sicherheit, Abwechslung, Zugehörigkeit oder Wachstum — mit den sechs Human Needs legen Sie Motivationsschlüssel auf struktureller Ebene an. So können Sie in Ihrem Unternehmen die Grundlage für eine positive Kultur in Ihren Teams schaffen.

Wir öffnen den Teamentwicklungsprozess unserer Agentur und zeigen, wie wir die sechs Human Needs bei uns integriert haben. Motivation ist ein Teil der Unternehmensstrategie.

# 6 HUMAN NEEDS
## Motivation by SHORT CUTS

### 1. BEDEUTUNG

- Verantwortung bekommen
- Managementfähigkeiten entwickeln
- Entscheidungs-kompetenz
- Kreativkompetenz, Erfolg
- Status bei Kunden haben
- Stärken sind im Fokus
- Blitzlichter in Teammeetings
- Geburtstagsgutscheine
- Komplimente zu Weihnachten
- Edle Einrichtung in der Agentur
- Gute Arbeitsplätze
- Hard- und Software auf dem neuesten Stand
- Gehaltserhöhungen
- Xmas Bonus
- Geschenke zu Hochzeit, bestandenen Prüfungen, Nachwuchs
- Feste
- Extra-Frei an Weihnachten [Urlaub geschenkt]
- Wir sind persönlich untereinander statt distanziert
- Jeder trägt viel Eigen-verantwortung
- Talente verwirklichen
- Lob/Kundenlob
- Vertrauen in Mitarbeiter
- Akzeptanz

### 2. SICHERHEIT

- Feste Arbeitsverträge
- Erfahrung, Kompetenz
- Langfristigkeit
- 18 Jahre am Markt
- Familiäre Stimmung
- Freundschaftlicher Umgang
- Klare Aufgaben
- Klare Erwartungen
- Transparenz, Fairness
- Betriebliche Altersvorsorge
- Life-Work-Balance
- Gutes Vertrauens-verhältnis fördern
- Komfort
- Verlässlichkeit

### 3. ABWECHSLUNG

- Viele Branchenfelder
- Wechselnde Aufgaben
- Neue Rollen
- Flexible Teams
- Mut zum Risiko
- Neues Territorium entdecken
- Herausforderungen bieten
- Neue Technologien
- Spontanität
- Ständiges Lernen
- Neue Fachbücher, video2brain
- Mutige Kunden
- Ungewöhnliche Feiern
- Veränderungswille
- Wir sind nicht statisch

## 4. BEITRAG LEISTEN

- Ausbilden von jungen Menschen
- Praktikanten erhalten viel fachlichen Input
- Offenheit, Toleranz gegenüber Neuem
- Atmosphäre von Vertrauen, kein Mobbing
- Kein Tratschen, Probleme werden direkt angesprochen
- Teilzeit ist möglich, kinderfreundlich, flexible Arbeitszeiten
- Gute Ernährung
- Kaum Überstunden
- Künstler werden unterstützt
- Sinnvolle Tätigkeit
- Verständnis füreinander fördern
- Werte ins Unternehmen einbringen
- Veränderung von Kunden bzgl. ihres Unternehmensauftritts hat Wirkung auf unternehmensinterne Strukturen bei Kunden
- Förderung von sozialen Projekten
- Ökostrom
- Wasserfilter für energetisiertes Trinkwasser

## 5. ZUGEHÖRIGKEIT

- Designer/ Programmierer sein, Teil der Designwelt sein
- Fachkompetenz einbringen
- Teamgeist, Agenturevents
- Teamevents [Grünes Haus]
- Teammeetings
- Identifikation mit SHORT CUTS
- Corporate Culture zum Anziehen [SHORT CUTS-Shirts] für Events
- Verlässlichkeit, Verbindlichkeit
- Treue, Loyalität
- Geringe Fluktuationsrate
- Kunden sind Partner
- Voneinander lernen

## 6. WACHSTUM

- Kreativität unterstützen, Individualität fördern
- Neugier anregen
- Fachlich wachsen an Aufgaben
- Selbstständigkeit entwickeln
- Kundenstärken wahrnehmen
- Kunden wachsen helfen
- Berufliche Entwicklung
- Stärken stärken
- Dynamisches Selbstbild
- Coaching, Fortbildungen durch externe Seminarleiter
- Fortbildungen im Team für 100 Euro durch das Team selbst innerhalb der Arbeitszeit
- Seminare auf eigenen Wunsch werden gefördert und bezahlt
- Vorträge
- Umzug in neue Räume am Mehringdamm 55
- Gesamtleistungen anbieten
- Persönliches Wachsen mit Seminarangebot zur Persönlichkeitsentwicklung und Kreativitätsförderung

# 2

# WERTEKOMMUNIKATION

*Design braucht Strategie*

## GESTALTUNG
## **VON UNTERNEHMENSWERTEN**

Design wirkt emotional. Erst wird gefühlt und gehandelt, dann findet der Geist die passende Erklärung dazu. Viele Unternehmen investieren nicht mehr nur in das Design ihrer Außen-kommunikation — ins Corporate Design. Unternehmenskultur wird angesichts des Demografischen Wandels immer wichtiger.

Weit mehr als nur ein angesagter Trend ist in diesem Atemzug Employer Branding. Insbesondere das interne Employer Branding ist für immer mehr Unternehmen von Interesse. Wie gestalte ich einen vertrauensbasierten Führungsstil? Wie verankere ich langfristig eine gute Unternehmenskultur? Wie entwickle ich ein Leitbild? Wie motiviere ich die Mitarbeiter auf lange Sicht? Wie reduziere ich den Krankenstand? Fragen über Fragen, die jeden Chef herausfordern können.

Daher ist internes Employer Branding auch immer mehr als eine punktuelle Maßnahme. Mit Beteiligungskonzepten können Mitarbeiter ihre Werte definieren. Die positiven Erlebnisse, die sogenannten ›Stärkengeschichten‹ des Unternehmens, werden somit gemeinsam entdeckt und nachhaltig etabliert.

Als Kommunikationsagentur empfehlen wir vor allem fünf Schritte für die interne Unternehmensentwicklung. I
n einem 5D- Prozess [Definition, Discovery, Dream, Design & Destiny] werden in fünf Phasen Werte, Leitbild, Stärken, Ressourcen und Visionen entwickelt, die das Unternehmen auf lange Sicht ausrichten.

**MIT ›smart TARGETING‹ KANN DIE MARKENKOMMUNIKATION**
absichtlicher gestaltet werden

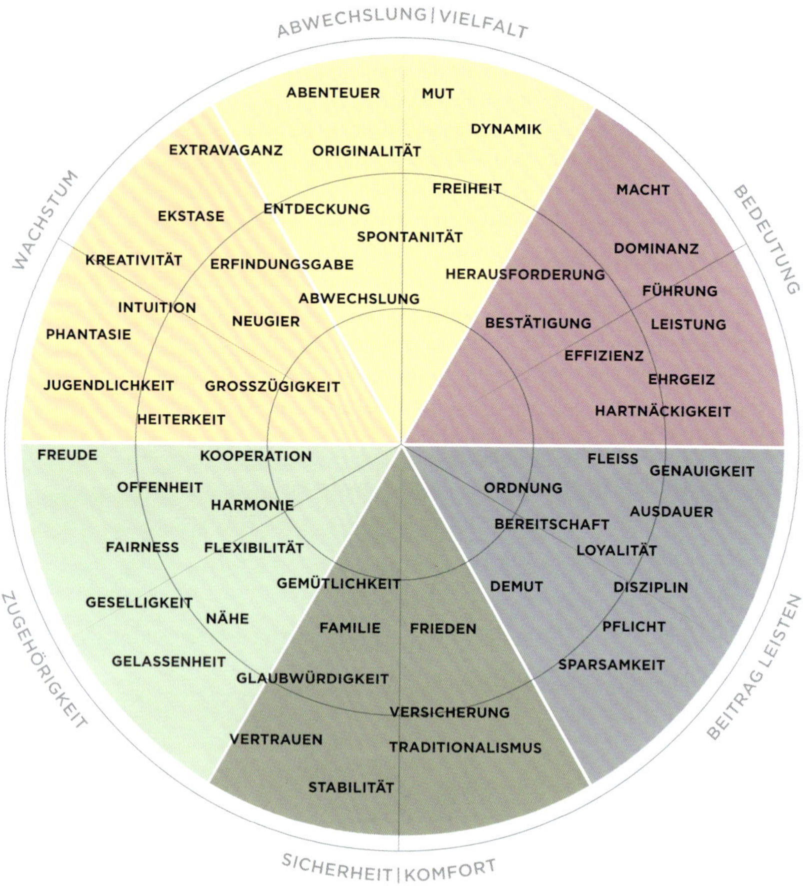

# 2 WERTEKOMMUNIKATION
## Emotionen, die sprechen

**smart TARGETING unterstützt Sie bei Ihrer Positionierung am Markt.** Der werteorientierte Ansatz des Marketing 3.0 ist Ausdruck der kommunikativen Entwicklung von Unternehmenskommunikation der letzten Jahre. Von einer rein produktbezogenen Kommunikation über die totale Kundenorientiertheit entstand ein Ansatz, der vor allem die eigenen Unternehmenswerte in den Vordergrund stellt. Authentizität statt Austauschbarkeit ist eine Antwort auf die unzähligen Angebote, die das Web bereithält.

Marketing 3.0 und Wertekommunikation schärfen das Profil von Unternehmen. Kommunikative Maßnahmen des internen und externen Marketings erhalten eine klarere Ausrichtung. Mit Wertekommunikation können auf einfache Weise Unternehmenswerte definiert werden. Über eine Clusterung von Werten, Emotionen und Eigenschaften ergibt sich schnell ein Bild, das ein Unternehmen charakterisiert.



Unternehmen mit etabliertem Wertesystem kommunizieren einheitlich. Jeder Mitarbeiter kann im Alltag am Telefon, bei Anfragen, auf Events und bei allen Kundenkontakten das Unternehmen vertreten. Die gemeinsamen Werte bilden die gemeinsame Wirklichkeit des Unternehmens und damit Identität.

Mit Ihren Werten können Sie die Corporate Culture strategisch aufbauen und gleichzeitig das Corporate Design mit Sprache, Bild und Tonalität in die gleiche Richtung steuern. Corporate Design und Corporate Culture als Teil des internen Employer Branding sind die Key-Elemente einer erfolgreichen Unternehmensidentität. Das nennen wir Gestaltung mit Substanz.

**›smart TARGETING‹**

Mit der klaren Positionierung von SHORT CUTS wurde auch die Entwicklung der eigenen Unternehmenskultur immer wichtiger.

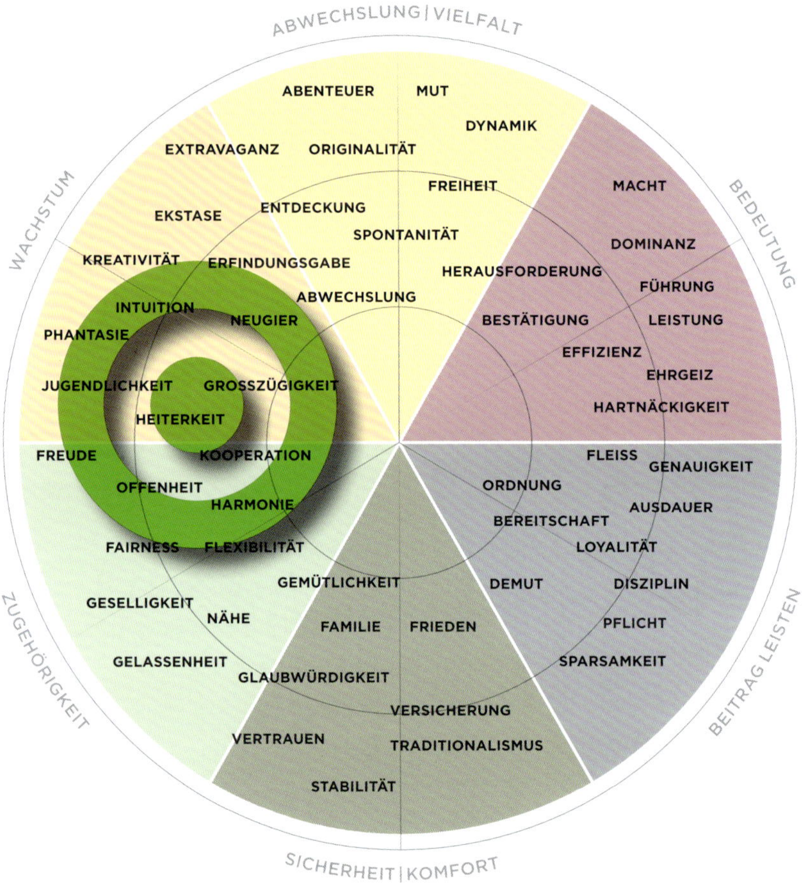

# 2 WERTEKOMMUNIKATION
## Emotionen, die sprechen

**Integration von Unternehmenswerten.** Viele Entscheidungen fällen wir unbewusst. Strategische Wertekommunikation nutzt alle Ressourcen — die Bewussten und die Unbewussten.

Mit den Tools aus dem Neuromarketing haben wir für SHORT CUTS eine ausführliche Wertediskussion gestartet. Welche Werte stehen für SHORT CUTS? Sind wir das wirklich? Gibt unser Kundenportfolio überhaupt diese Werte her? Sehen das auch unsere Kunden so? Was könnten wir verstärken, um in der Öffentlichkeit authentisch wahrgenommen zu werden? Wir haben SHORT CUTS verortet.

Mit dem ›Targeting‹ für SHORT CUTS fanden wir DIE Werte, die in unserem Team die stärkste Resonanz haben: Fantasie, Leichtigkeit, Offenheit, Flexibilität, Vertrauen, Toleranz und Herzlichkeit.

Diese Vorgehensweise nennen wir ›smart TARGETING‹. Ein strategisches Tool, das wir im gleichnamigen Buch vorstellen. Unternehmenskultur, Kommunikation, Ziele der Außendarstellung, Produkte, Kunden - mit dem Target lassen sich viele Bereiche konkret positionieren. Der Vorteil: Jedes unternehmerische Ziel, sei es Imagesteigerung, Loyalitätsförderung, Kundenzufriedenheit oder Qualitätssteigerung, kann so fokussiert benannt und angegangen werden.

**SHORTIES SIND:**
Offene leicht hedonistische Menschen mit einem Hang zur Harmonie.

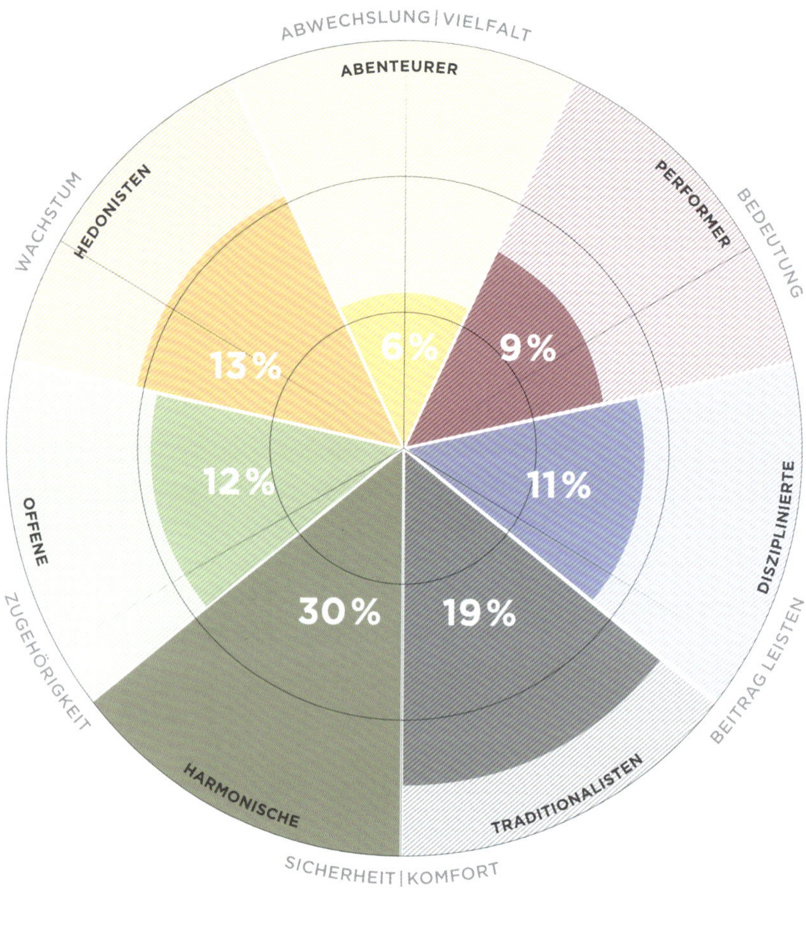


Quelle: Abbildung »Limbic® Typologie« eigene Darstellung, in Anlehnung an: Häusel 2011, S. 61 © Dr. Häusel, Gruppe Nymphenburg Consult AG

# 2 **WERTEKOMMUNIKATION**
## Emotionen, die sprechen

**Das Selbstbild kennen.** Das Bewusstsein um Unternehmenswerte gibt Mitarbeitern Sicherheit, wenn sie das Unternehmen nach außen auf Messen, bei Kundenterminen oder auch einfach bei Freunden vertreten sollen.

In einer internen Befragung kristallisierte sich für SHORT CUTS ein Unternehmensprofil heraus, in dem sich die Mitarbeiter als offen-harmonisch wahrnehmen. Eine interne Werteübereinkunft, die unseren Teamgeist prägt und sich in der Gestaltung unserer eigenen Unternehmenskommunikation widerspiegelt.

Mitarbeiter, die positive Geschichten über ihr Unternehmen erzählen und zusätzlich damit Bilder im Gegenüber wecken, sind die besten Multiplikatoren und Verkäufer.
Kennen Sie die Stärkengeschichten Ihres Unternehmens?

Diese lassen sich ganz einfach mit einem Storyscreening entdecken. Die Kunst dabei ist es, die Fragen so zu stellen, dass die positiven Geschichten deutlich werden. Dazu sollten verschiedene Ebenen berücksichtigt werden: Geschichten der Produkte, Erfolgsgeschichten mit Kunden und am wichtigsten die Geschichten der Mitarbeiter untereinander. Gerade in der Phase 2 der Unternehmensentwicklung [Discovery] werden im Storyscreening ungeahnte Schätze des Unternehmens sichtbar.

## 5 PHASEN DER UNTERNEHMENSENTWICKLUNG
Nachhaltig internes Employer Branding verankern

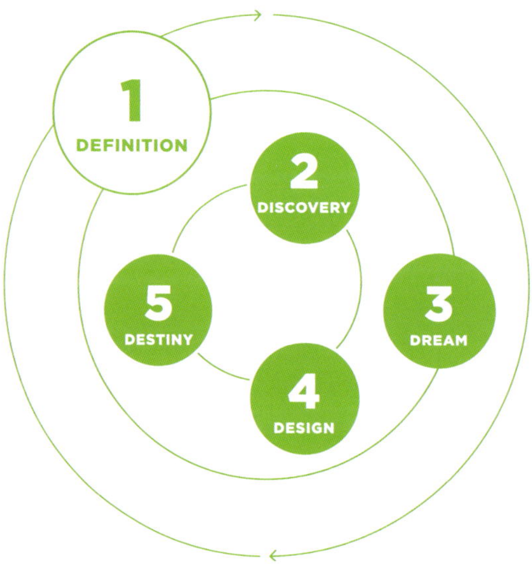


*In fünf Phasen können Sie Ihre Kultur und Ihre Unternehmenskommunikation nachhaltig gestalten.*
*Mit den 5D können Sie entdecken, wie Sie Werte verankern, welche Stärken es bei Ihnen gibt und wie Sie zu einem positiven Image gelangen. Ein ganzheitlicher Kommunikationsansatz, der alle Aspekte der Unternehmenskommunikation aufgreift.*

## DIE 5D DER UNTERNEHMENSENTWICKLUNG

**↗ DEFINITON**

Analysephase des Unternehmens. Mit Befragungen und Experteninterviews im Unternehmen wird Ihre Unternehmenskultur untersucht. Oft werden in dieser Phase auch SWOT-Analyse und Positionierungstools mit einbezogen.
Keyelements: Analysetools.

**↗ DISCOVERY**

Werte, Ressourcen & Stärken. Storyscreening wird mittels stärkenorientierter Fragestellung Potenziale der Mitarbeiter, der Teams und des gesamten Unternehmens sichtbar gemacht.
Keyelements: Stories, Wertetests.

**↗ DREAM**

Kennen Sie Ihre Unternehmensvision? Haben Sie ein Leitbild? Kennen Sie Ihre Wunschkunden? In dieser Phase geht es darum, Zukunft gemeinsam zu erträumen und damit aktiv mitzugestalten. Das Besondere Aha-Erlebnis für Mitarbeiter ist oft das Gefühl, Bedeutung zu haben und mit verantwortlich für die Unternehmenszukunft zu sein.
Keyelements: Visionstag, Visionsreisen, Leitbildentwicklung, Persona für Wunschkunden.

**↗ DESIGN**

Von Recruiting-Kampagnen, Arbeitgebervideos, Karriereportalen, Mitarbeitermagazinen, internen Kommunikationsmaßnahmen, Umstrukturierungen — diese Design-Phase ist die Macherphase. Hier werden alle Erkenntnisse zusammengeführt und in die Gestaltung von Design, Kommunikation und Management überführt.
Keyfactor: Umsetzen.

**↗ DESTINY**

Der Realitäts-Check. Nach ca. 6–12 Monaten sollte gecheckt werden, wie Ihre Werte bei Ihren Mitarbeitern verankert sind.
Keyelements: Mitarbeitergespräche, Meetings, Nachhaltigkeitscheck.

**In den eigenen Spiegel schauen.** »Der blinde Fleck bezeichnet den Moment, in dem der Künstler vor der leeren Leinwand steht.« Laut Otto Scharmer gibt es einen Ort aus dem heraus Führungskräfte handeln. Dieser Ort ist die Stille vor jeder Handlung. Wenn Sie diesen Ort mehr in Ihr Bewusstsein rücken, können Sie Ihren Führungsstil und damit auch entscheidend die Kultur Ihres Unternehmens intelligenter gestalten. Scharmer bezeichnet dies als authentisches Führen. Um diesen blinden Fleck bei SHORT CUTS zu entdecken, ist die Geschäftsleitung mit den Mitarbeitern in den SC 2020 Prozess gestartet.

Das Team konnte so an vielen Aspekten der Kultur mitarbeiten. Herausgekommen sind Umstrukturierungen, Umbauarbeiten, neue Tools, neue Bücher, Events und neue Mitarbeiter. Interessanterweise kamen auch spannende Neukunden auf uns zu, für die Wertekommunikation und internes Employer Branding immer wichtiger werden.

# 2 WERTEKOMMUNIKATION
## Emotionen, die sprechen

**Müssen Unternehmen emotional sein?** Die Unternehmenskultur ist ein Spiegel der emotionalen Haltung Ihrer Mitarbeiter gegenüber dem Unternehmen. Diese Grundstimmung lässt sich mit dem Eigenschaftentest erfassen. Wie ein Radar deckt dieser Test Eigenschaften auf, die die Einstellung des Einzelnen, in Bezug auf Projekte und Teams, schnell ersichtlich macht.

Interessant wird es insbesondere, wenn diese Eigenschaften im Wertetarget ihre Zuordnung finden. Vor allem wenn mehrere Mitarbeiter das Unternehmen ähnlich einordnen, wird klarer, welche Eigenschaften das Unternehmen im Allgemeinen hat. Spannend ist es auch dann, wenn es Unterschiede gibt.

*»Wir sind füreinander Spiegel unserer Stärken und Schwächen.*
*Wir sind alle miteinander verbunden, während wir lernen zu geben und zu empfangen, zu berühren, zu atmen und zu fühlen«*
*[aus dem Tempel des Poseidon, Sonio]*

Der Eigenschaftentest ist ein spielerisch anmutender Test, der die Emotionalität und damit die Grundstimmung Ihres Unternehmens sehr gut darstellt. Mit diesem Test gehen Sie den ersten Schritt in Richtung Wertekommunikation.

Testen Sie die Emotionalität Ihres Unternehmen
**Link zum Eigenschaftentest:**
**short-cuts.de/wertetest/**

## **WERTE SIND**
## die Basis für jede Kommunikationsmaßnahme

**PERSÖNLICH**

Zeigen wir Gesicht auf unserer Website, auf Facebook und auf allen Kommunikationskanälen.

**GANZHEITLICH**

Sind wir in der Vielfalt der Designleistungen, die wir anbieten.

**NAH**

Auf Augenhöhe mit dem Kunden zu sein, ihn dort abzuholen, wo er steht, ist unser Ziel.
Viele unserer Kunden sind unsere Freunde geworden.

**PARTNERSCHAFTLICH**

Persönliche Kundenbetreuung durch einen Projektleiter verschaffen dem Kunden das Gefühl in guten Händen zu sein.
Kundenwünsche können zeitnah realisiert werden.
Das macht das Projekt effizient.
Flache Hierarchien und flexible Strukturen in der Agentur ermöglichen uns eine optimale Leistungsumsetzung.

**Nah im Team ist nah am Kunden.** Mit klaren Botschaften sprechen Sie Ihre Kunden direkt an. Die hohen Click-Raten auf den Mitarbeiter-Fotos unserer Webseite zeigen, dass Besucher am meisten an Menschen interessiert sind. Persönlichkeit und Fotos zu zeigen, ist das, was uns ausmacht und wodurch wir auch unterscheidbar werden. SHORT CUTS ist persönlich, partnerschaftlich und mit einer Vielfalt an Designleistungen nah am Kunden. Die Konkretisierung unserer Unternehmensidentität wirkt auf unsere Kunden. Unsere Kunden schätzen die persönliche Betreuung durch ein offenes Team.

Wertekommunikation hilft Unternehmen ihre Persönlichkeit zu definieren: Als Basis, mit allen Kunden in Kontakt zu treten und als wesentliche Komponente des internen Employer-Branding-Prozesses.

**HAUPTSACHE AUSDRUCK**
der Eindruck entsteht von allein

**Unternehmenskultur kommunizieren.** Gerade für die ›Generation Y‹ — die aktuellen Berufseinsteiger — braucht ein Unternehmen ein attraktives Arbeitgeberimage. Wie interessant Bewerber ein Unternehmen finden, recherchieren und bewerten diese meist online.

Daher ist externes Employer Branding das Kommunikationsinstrument, mit dem Sie ein positives Arbeitgeberimage kreieren. Von gut aufgebauten Karriereportalen, ansprechenden Stellenanzeigen und der Präsentation auf Recruitingmessen bis hin zu effektivem Bewerbermanagement und sympathischer Empfangskultur im Unternehmen — wer nach Fachkräften Ausschau hält, ist auch in diesem Bereich gefordert, professionell zu kommunizieren.

Facebook, Youtube, Twitter, Xing — Viele Bewerber kontaktieren Unternehmen über Social Media. Bei Kununu beispielsweise können Siegel für Top-Unternehmen erworben werden, mit denen bei guter Bewertung eine weitere Möglichkeit des Aufbaus eines guten Arbeitgeberimages im Rahmen des externen Employer Brandings gegeben ist.

BERLINER
IHK Berlin
WIRTSCHAFT
Magazin der Industrie- und Handelskammer zu Berlin
Design in Berlin
Starke Marken setzen Zeichen
IHK-GAST
Springer-Vorstand Mathias Döpfner
Seite 18
FIRMEN-NACHFOLGE
Neues Projekt zeigt Wege auf
Seite 25
INTERVIEW
RBB-Intendantin Dagmar Reim
Seite 50

# 2 WERTEKOMMUNIKATION
## Emotionen, die sprechen

**Starke Marken setzen Zeichen.** Auch mit Content Marketing und Public Relations-Maßnahmen gestalten Sie Ihr authentisches Arbeitgeberimage mit.

Um Ihnen ein kleines Beispiel zu geben: Die IHK berichtete 2014 über Markenaufbau durch Wertekommunikation. SHORT CUTS war gleich drei Mal vertreten. Das Cover der Berliner Wirtschaft kürte unser Creative Director und die Rückseite ein Projekt von uns: Die Anzeige für unseren Kunden Project Immobilien. Mittendrin: Ein Artikel zu ›Die Macht der starken Marken‹.

Ein durchdachtes Kommunikationskonzept sorgt dafür, dass sich ein Unternehmen von Mitbewerbern unterscheidet und sich eigenständig positioniert. Eine Firma braucht Profil und Werte, die sie kommuniziert. Mit diesen entwickelt sie ihre einmalige Position, die sich nicht nur nach außen auf den Markt auswirkt, sondern auch nach innen auf die Mitarbeiter, auf die gesamte Unternehmenskultur.

**Zum Artikel:**
ihk-berlin.de/share/flip/November2013/index.html#/10/

MEHR HER(T)Z.
FÜR TECHNIK & DESIGN.
BAUZEIT
SPEZIALISIERUNG

# 3

# CORPORATE INTERIOR

*Zeige mir wie Du wohnst,*
*und ich sage Dir, wer du bist*

**STYLE**
Lab

# IDENTITÄT BAUT AUF
# **INTERIOR DESIGN**

Unternehmen, die ihren physischen Raum an ihren Zielen ausrichten, integrieren einen weiteren Aspekt ganzheitlicher Kommunikation. **Corporate Interior ist gebaute Markenidentität.**

Corporate Interior formt die Umgebung, die die Zusammenarbeit im Team fördert, Kreativität und Kommunikation schafft und die Effizienz des gesamten Unternehmensklimas steigert. Raumbezogene Designkonzepte sind die Substanz des Arbeitsalltags und fördern das Image wie die interne Kultur gleichermaßen.

Als Design-Agentur entwickeln wir Design für unsere Kunden. Das ist unsere Arbeit. Das macht uns aus. On- und Offline. In unserem Loft haben wir auf industriellem Boden der ehemaligen Schokoladenfabrik Sarotti mit hochwertigem Interior auf Kontraste gesetzt. So ist eine Atmosphäre entstanden, die edel und schick ist, in der man aber auch los basteln kann wie in einer Werkstatt. Es war uns sehr wichtig, den Fabrikcharakter zu erhalten und nicht zu abgehoben zu sein.

TRAGEN
STÜTZEN
STARKE FRAUEN

**LOCAL SPOT**
Kreativ-Bar

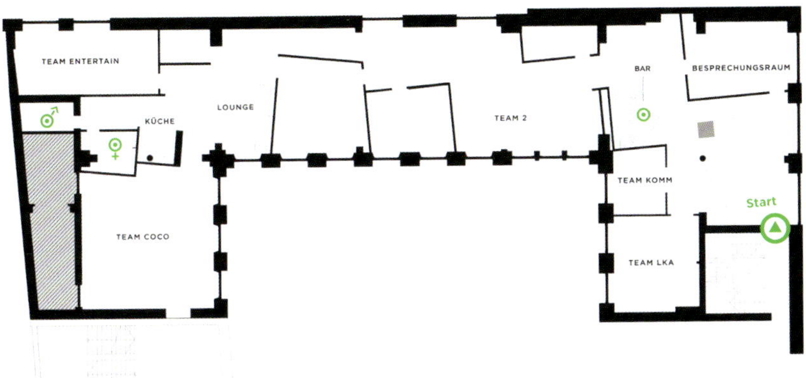




**Local Spots verbinden.** Mit der offenen Raumgestaltung ist die Atmosphäre für offene Kommunikation strukturell angelegt. Zusätzlich schaffen lokale Spots Oasen des Austauschs und der Kommunikation. Let's talk.

Local Spots sind bei SHORT CUTS die Bar, der Besprechungsraum, die Lounge und die Küche. Orte, an denen spontaner Austausch entstehen kann.

Ein bewusstes Arrangement von Gestaltungselementen schafft Zugehörigkeit und Kontinuität. Frei-Raum ermöglicht kreatives Arbeiten und gibt Entfaltungsspielraum.

**SCHWARZ WEISS IST BUNT**

Kreativ sein hat viele Farben

**Welche Farbe hat Arbeit?** Mit Farben drücken wir uns aus. Farben kommunizieren Emotionen — denn Farben wirken im Unbewussten und erreichen uns über eine Meta-Ebene, die sofort Assoziationen auslöst. Dessen sind wir uns als Gestalter absolut bewusst und setzen es täglich für unsere Kunden ein.

Unsere Räume bilden die Bühne für unsere bunten Arbeiten. Deswegen sind alle Wände und Möbel in Schwarz-Weiß-Tönen gehalten. Mit unserem Farbkonzept verbinden wir hell und dunkel.

Graunuancen in Kombination mit kontrastierenden Akzenten und stark haptischen Materialien, wie Filz und Teppichen an den Wänden, schaffen die Gegensätze, die unsere Kreativität zum Klingen bringt. Kontraste sind immer ein Hingucker und brechen Sehgewohnheiten. Durch das Spiel von Hell und Dunkel wird es nie eintönig.

Es gibt keine Ablenkung durch Farben — unsere Designarbeiten selbst bringen die Farbe ins Spiel.

## WALL OF FAME
Arbeiten, auf die wir stolz sind

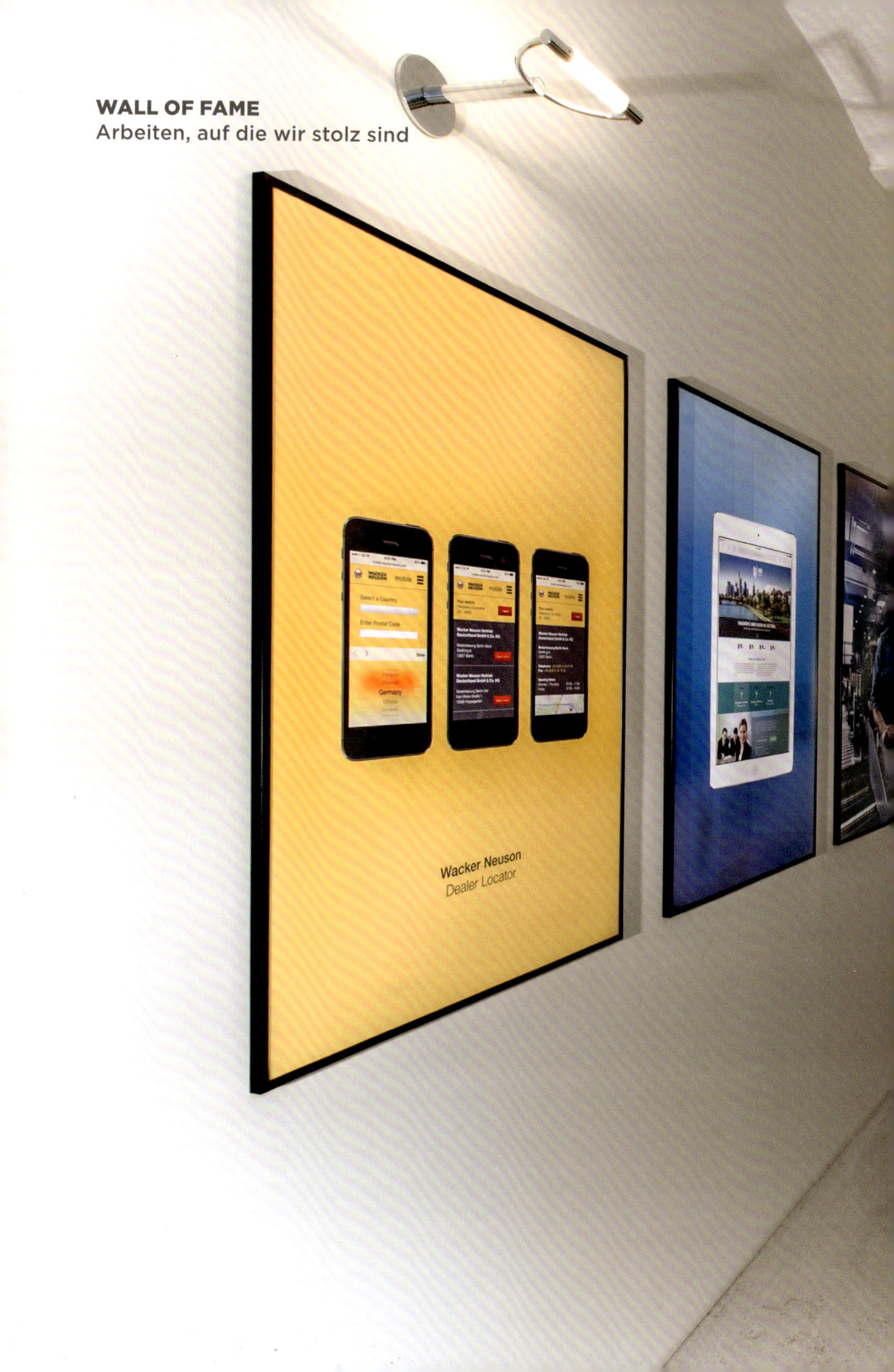

Bowers & Wilkins
Passion, power and
excellent performance
media@home

**INTERIOR**
formt eine Haltung

**Material ist Charakter.** Bei der Auswahl der Materialien wollten wir unter Berücksichtigung ergonomischer Aspekte vor allem ausdrucksstarke Vielheit.

So wurde für den Empfangsbereich und die Bar Corian verwendet. Corian hat einen sehr cleanen, technischen Charakter und fühlt sich immer warm an. Ein Gegensatz, der Kontrastprogramm zu dem Fabrikgebäude aus dem 19. Jahrhundert fährt.

Alle Arbeitstische richten jede Wirbelsäule zu innerer Haltung auf. Bei unterschiedlichen Höhen kann im Sitzen und im Stehen gearbeitet werden. Zusätzlich sind die Tische mit Linoleum belegt. Ein Material, das sehr hautfreundlich ist und Kontaktwärme besitzt.

Auch wenn wir gern Gesicht zeigen — Vorhänge braucht man manchmal, um blendfrei am Bildschirm zu arbeiten. Gewählt wurden ungewöhnliche Materialien aus metallischem Gewebe oder feinen Nadelstreifen.

**HAUSEIGENES**
Fotostudio

**Technik für schnelle Ideen.** Jeder Mitarbeiter darf sich über einen 27 Zoll iMac freuen. Zusätzlich gibt es iPads, Beamer, 65 Zoll Flatscreen, professionelle Fotoausrüstung und ein Fotostudio. Gerade das Fotoequipment ist neben dem professionellen Einsatz oft Party-Highlight: Auf allen Firmenpartys kommt es zum Einsatz. Unser Team und die Gäste freuen sich über Studiobilder.

HEDLER
Canon

**DIE TEPPICHE**
sind der Kracher

**Black or White** — Farbspektrum mit abgedämpften Sounds. Neben der Optik spielt natürlich die Akustik eine wichtige Rolle, gerade im offenen Raumkonzept.
Wir fanden eine besonders ungewöhnliche Lösung: Teppiche sind bei uns nicht auf dem Boden, sondern an den Wänden. Zusätzlich haben wir noch Pinboards aus dem Akustikabsorber-Material Basotect entwickelt.
16 Stück der 2,5 × 1,5 m großen mit Filz bespannten Boards schlucken bei uns den Schall.

**MIT SERIE 7 [STUHL VON ARNE JACOBSEN]**
und Zettel'z [Hängeleuchte von Ingo Maurer]

**Kontrastreich.** Das Spiel der Kontraste wird in der Auswahl der Sitzmöbel weitergeführt. Charakterstarke Individuen wie der ›Ball Chair‹ von Eero Aarnio inszenieren einen Widerspruch zum gemütlichen Ohrensessel oder dem exotischen Gartenstuhl Chair One mit Betonfuß von Konstantin Grcic. Zudem sind mehrere Einzelstücke in Kingsize, also größer als normal: Es gibt 6 m lange Lampen, ein 10 Personen-Sofa und eine hauseigene Bar.
Zum Wohlfühlen gedacht.

**KINGSIZE**
mit viel Luft zum Atmen

## 3 CORPORATE INTERIOR
Begehbarer Stil

**OFFENES RAUMKONZEPT**
für freie Kommunikation

**Offen für Veränderung.** SHORTIES sehen sich als Offene. Im Raum wird dies sichtbar. Es gibt keine verschließbaren Türen bei SHORT CUTS. Das offene Raumkonzept steht auch dafür, dass jeder, der eine Idee oder einen Veränderungsvorschlag einbringen will, jederzeit bei der Geschäftsleitung vorbei kommen kann.
Raum spiegelt die Unternehmenswerte.
Offenheit im Raum ist die Basis offener Kommunikation.

Durch die geschickte Einrichtung einer Vielzahl von Atmosphären von kommunikativ, kreativ, privat, künstlerisch, warm-gemütlich bis hin zu kühl-distanziert besteht jederzeit die Möglichkeit zum Rückzug oder für kleinere Meetings.

# 4

# FLEXIBEL STRUKTURIERT

*Kunden sind verschieden — Wir passen uns an*

**MIT STRUKTUR**
Klar im Handeln

KUNDEN SCHÄTZEN

## AGENTUREN, DIE MITDENKEN





Ab 15 Mitarbeitern verändert sich die ›großfamiliäre‹ Struktur im Unternehmen. Wir sind in kurzer Zeit auf 40 Mitarbeiter angewachsen. Um weiter skalierbar zu sein, stellten wir fünf Teams mit klarer Aufgabenverteilung auf. Die jeweiligen Unternehmer-, Manager- und Fachkraftaufgaben zuzuordnen, hat unsere interne Organisation entscheidend verbessert.

Gemeinsam kreierten wir im Team eine Struktur, die mit vielen Mitarbeitern flexibles Handeln ermöglicht. Fünf Teams mit maximal zehn Mitarbeitern sind jetzt um den Kunden organisiert. Ziel ist es, gesamtheitlichen Nutzen für den Kunden zu generieren.

Eine lebendige, dynamische Struktur zusammengesetzt aus vielfältiger Fachkompetenz um einen Unitleiter aus den eigenen Reihen – das ist für uns die optimale Struktur für unsere kreativen Arbeiten.

**PROJEKTLEITER**

- Projekte planen/organisieren
- Angebote schreiben
- Rechnungen schreiben
- Budget kontrollieren
- Zeitbudget kontrollieren
- Qualität kontrollieren
- Organisationskompetenz

**PRAKTIKANT**

- Gute Arbeit machen
- Offenheit haben
- Neugier
- Kommunikativ sein
- Stunden dokumentieren
- Datenablage

**UNITLEITER MIT TEAMLEADERKOMPETENZ**

- Teamspirit schaffen
- Kunden führen
- Mitarbeiter führen, kontrollieren
- Aufgaben verteilen
- HR/Praktikanten aussuchen
- Sozialkompetenz
- Innovationsunterstützer

**FACHKRAFT**

- ausgesprochene Fachkompetenz
- Kommunikation mit Kunden
- Zeit einteilen
- Termine halten
- Sich fortbilden

## MIT STRUKTUR
Klar im Handeln

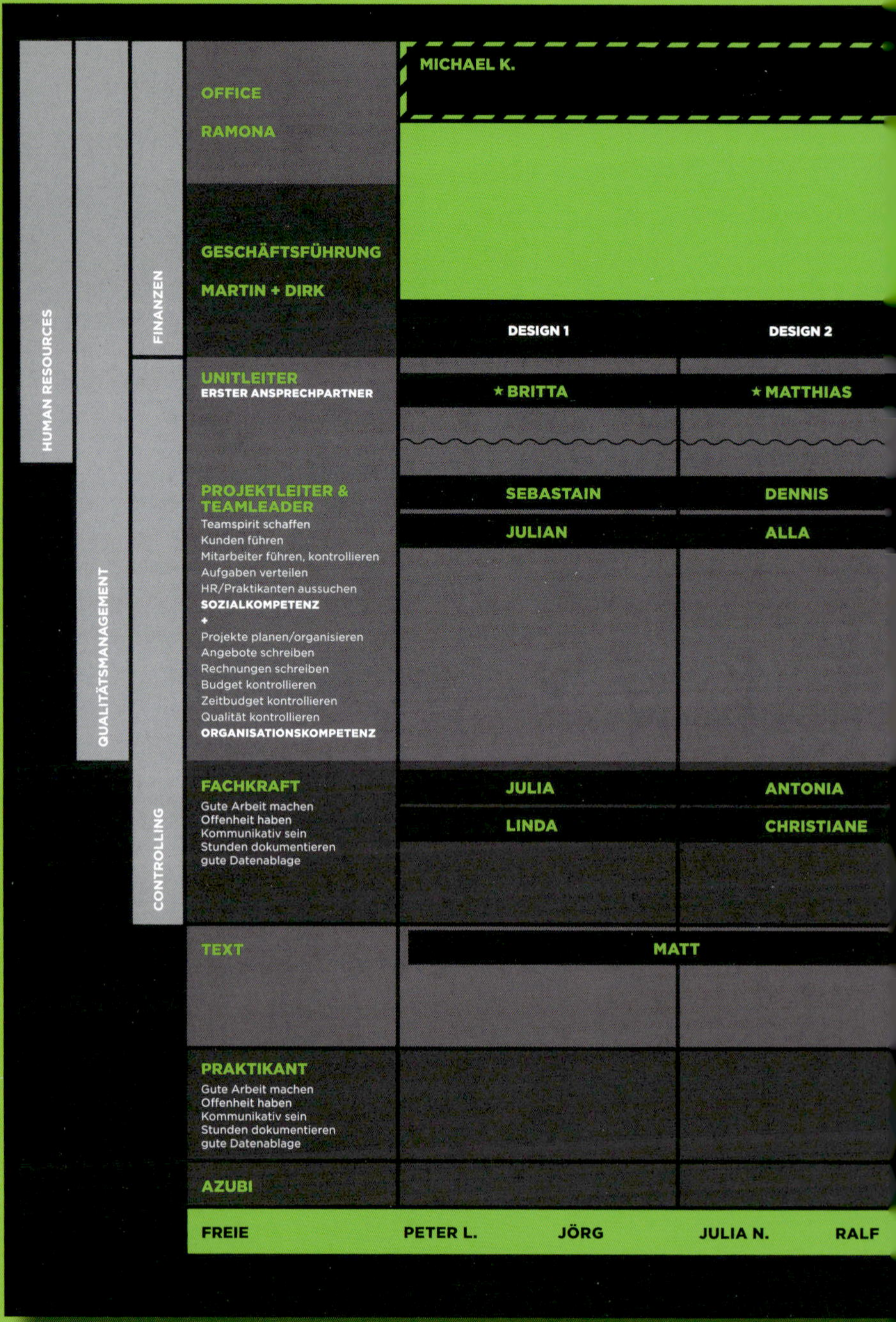

NEUKUNDEN
KUNDEN
DESIGN 3
WEB
KOMMUNIKATION
★ DANIEL
★ ANDREAS
JANNYN [HEAD OF UK]
DORO
WOLFGANG
NATASCHA
MICHAEL
PUBLIC RELATIONS / AKQUISE / EIGENDARSTELLUNG
OLIVER
KAI
YELLA
FRANCIS
ARMIN
ANDRÉ
ANTONIO
JUSTUS
ROXANNE [MARKETING]
ANNE [PR]
JANINE
JOHANNES
BJÖRN
GUIDO
CARSTEN B. [TEXT]
ASTRID

TEAMSTRUKTUREN
formen sich gemeinsam

## 4 FLEXIBEL STUKTURIERT
### Beweglich in der Teamstruktur

**Wir sind um den Kunden organisiert.** Der Kunde ist im Zentrum unserer Struktur. Selbst neueste technische und gestalterische Aspekte können realisiert werden, da die Aufgaben klar verteilt und die Teams fachlich verschieden aufgestellt sind. Webdesigner, Printfachleute, Illustratoren, Programmierer, Entwickler, Konzepter — unsere Teams sind vor allem: Schnell. Innerhalb der Struktur halten die Unitleiter die Fäden zusammen. Sie schaffen Teamspirit und delegieren die Aufgaben ins Team.

Für kleinere Projekte bzw. fachspezifisch in großen Projekten ist wiederum ein Projektleiter aufgestellt, der mit den Fachkräften das Projekt realisiert. Dieser Projektleiterstatus orientiert sich am fachlichen Know-how und ist variabel: Je nach Projekt kann jeder Projektleiter sein. Fachkraft zu sein heißt, auf enormes fachliches Wissen Zugriff zu haben. Der Kunde redet bei uns immer mit der Person, die seine Projekte für ihn umsetzt. Das ist direkt, verlustfrei und schnell. Jeder Mitarbeiter hat eine hohe Eigenverantwortung und Entscheidungskraft. SHORT CUTS kann so schnell auf Kundenanfragen reagieren. Und untereinander auf Augenhöhe kommunizieren.

*»Wenn die Macht der Liebe die Liebe der Macht überwindet — erst dann wird es Frieden geben«*
*[Jimi Hendrix]*

**MARTIN PERMANTIER UND DIRK STUDZINSKI**
Geschäftsführer von SHORT CUTS

# 5

# AUF VERTRAUEN BAUEN

*Partnerschaftlich zueinander und nach außen*

**TOOLBOX**
für eine Kultur der gegenseitigen Wertschätzung

- Stärken stärken
- Komplimente zu Xmas
- Blackbox
- Mitarbeiter Gespräche
- Mitentscheiden
- Schulterblick
- Interne Weiterbildung
- Coaching
- Konflikt-Management

## MIT CORPORATE CULTURE
## **PARTNERSCHAFTLICH HANDELN**

Vertrauen entsteht durch einen offenen und authentischen Umgang miteinander. Im Alltag ist dies nicht immer ganz einfach. Wie kann Kritik so formuliert werden, dass sie konstruktiv aufgefasst und angenommen werden kann? Wie kann ein Klima entwickelt werden, das die Stärken des Einzelnen fördert?

Ein Kommunikationsstil, der auf eine positive Entwicklung ausgerichtet ist, wird die Stärken des Einzelnen in seiner Persönlichkeit und seiner Arbeit fördern. Das wird auch das Unternehmen als Ganzes vorwärts bringen.

Um diesen Kommunikationsstil zu fördern, ist es zunächst hilfreich, die selbstbezogene Perspektive durch eine auf die Gesamtheit gerichtete Perspektive zu ersetzen. Um Kreativität Raum zu geben, ist es wichtig die eigenen [Vor-]Urteile zu überwinden, die Stärken der Anderen zu sehen und eine Debatte für einen besseren Dialog zu führen.

Wir haben bei SHORT CUTS verschiedene Tools integriert, um unsere Arbeit und die persönliche Entwicklung unserer Mitarbeiter zu stärken. Einige stellen wir Ihnen auf den folgenden Seiten vor.

## GEMEINSAM REFLEKTIEREN. IM MITARBEITERGESPRÄCH

Was war in den letzten Monaten?
Was ist jetzt?
Was kommt auf uns zu?
Welche Probleme gab es?
Welche Erfolge?

Wie zufrieden bist Du mit Deiner Arbeitsstelle?
Wie würdest Du Deinen Aufgabenbereich konkret beschreiben?
Wie zufrieden bist Du mit Deinen Leistungen?
Wie gut klappt die Zusammenarbeit mit anderen Mitarbeitern?
Was kannst Du kommunikativ verbessern mit Kunden/dem Team?
Wie trägst Du zur Arbeitsatmosphäre bei?
Wo liegen Deine Stärken/Schwächen?
Was kannst Du verbessern, was willst Du lernen?
Wie willst Du Dich beruflich entwickeln?
Worin willst Du gut sein?
Wo bist Du über- oder unterfordert?
Kannst Du Deine Fähigkeiten zur Zeit voll einsetzen?
Wie siehst Du Deine Rolle im Team?
Welche Verbesserungsvorschläge hast Du?
Funktionieren Vertretungsregelungen?

Was glaubst Du sehen andere Mitarbeiter als Deine Stärken/Schwächen?
Was glaubst Du sehen Kunden als Deine Stärken /Schwächen?

Wie bist Du mit uns zufrieden?
Was erwartest Du von uns?
Was können wir verbessern?

**Im Gespräch sein.** Die Basis für einen neuen Kommunkationsstil ist vor allem Vertrauen. Vertrauenskultur entsteht immer im Vieraugengespräch. Einmal im Jahr werden Gespräche zwischen beiden Geschäftsführern und jedem einzelnen Mitarbeiter geführt. Gemeinsam auf die Erfolge zu schauen, verstärkt positive Gefühle. Diese bilden eine gute Grundlage für die Ausrichtung auf das nächste Jahr. Was ist die Vision? Wofür schlägt mein Herz im nächsten Jahr? Wohin führt mich meine Passion?

Konkret werden Arbeitssituationen, Zusammenarbeit mit den Kollegen, Aufgaben, Wachstum und Visionen für das nächste Jahr entwickelt. Aus den Gesprächen leiten wir dann Maßnahmen ab und legen die internen Ziele für das kommende Jahr fest.

Die Gespräche werden im Vorfeld von den Mitarbeitern mit konzipiert. Von November bis Dezember 2014 konnten Wünsche für die Inhalte der Gespräche im Vorfeld in die Black Box gegeben werden. Eine Idee war auch, sich Feedback für das Wachstum im nächsten Jahr von drei Kollegen einzuholen und zum Gespräch mitzubringen.

Auch zwischendurch stehen die Türen der Geschäftsleitung jederzeit für Feedback- und Mitarbeitergespräche offen. So gehen wir hier bei SHORT CUTS mit Kritik und Reflexion um — ganz direkt. Dadurch haben wir eine Vertrauenskultur aufgebaut.
Wie immer: Ohne Umwege.

## TOOL 1
## Mitarbeitergespräche 2014

Auch dieses Jahr wollen wir uns wieder, in den Tagen um die Jahreswende, die Zeit nehmen mit jedem von Euch ein ausführliches Gespräch zu führen.

Ziel ist es, gemeinsam zu schauen, was jeder von Euch braucht, um gut in seiner Kraft und Kreativität zu sein und dass ihr euch bei eurer Arbeit wohlfühlt. Ebenso wollen wir gemeinsam herausfinden, wie das Gesamtgefüge zwischen uns und unseren Kunden am besten gestaltet und weiterentwickelt werden kann.

### PERSÖNLICHKEITSENTWICKLUNG

Frage bitte drei Mitarbeiter, was Sie Dir empfehlen würden, wo Du Dich entwickeln kannst und bring die Antworten zum Gespräch mit.

- Welche Deiner Stärken möchtest Du weiter entwickeln?
- Siehst Du selber Schwächen an dir, bei denen Du Entwicklungspotenzial und -bedarf verspürst?
- Was hat sich bei dir persönlich dieses Jahr verändert — kannst Du eine Entwicklung sehen?
- Was können wir von Dir im kommenden Jahr erwarten?
- Kannst Du Berufs- und Privatleben zu Deiner Zufriedenheit miteinander verbinden?

### ERFOLGE

- Auf welches Projekt des letzten Jahres bist Du besonders stolz?
- Du arbeitest nicht für uns, sondern für unsere/Deine Kunden. Wer sind Deine Kunden? Wen magst Du besonders und warum?
- Welchen Nutzen bringst Du unseren Kunden?
- Kannst Du eine besonders interessante / positive Geschichte aus dem letzten Jahr erzählen?
- Welche Erfolge wünschst Du Dir für die Zukunft?

### FORTBILDUNG

- Was hast Du im letzten Jahr dazu gelernt?
- Wie hast Du Dich fortgebildet?
- Was willst Du in Zukunft lernen?
- Wer ist Dein Vorbild?
- Von wem glaubst Du etwas lernen zu können?

### ARBEITSAUFGABEN

- Kannst Du bei uns alle Deine Talente einbringen?
- Welche noch nicht und warum?
- An welchen Stellen fühlst Du Dich in Deiner Organisations- und Schaffenskraft unfrei oder gebremst?
- Welche Strukturen behindern Dich?
- Wann fühlst Du Dich und Dein Tun am relevantesten?
- Wofür brennst Du?
- Was können wir für Dich verbessern?
- Bist Du mit Deinen fachlichen Aufgaben zufrieden?

### ARBEITSSITUATION

- Wie empfindest Du die Arbeitsatmosphäre?
- Bist Du mit der Technik und Deinem Arbeitsplatz zufrieden?
- Wie hebst Du die Qualität? Wo bist Du Vorbild?
- Wem hast Du etwas beigebracht?

### ZUSAMMENARBEIT

- Wie ist die Zusammenarbeit im Team?
- Wo fühlst Du Dich eventuell nicht gesehen oder ungerecht bewertet?
- Was vermisst Du?

### ZIELE

- Welche Ziele willst/kannst Du Dir selber setzen?
- Gibt es Ziele, an denen Du Dich messen lassen möchtest?

**Ein gutes Team ist mehr wert als die Summe seiner Einzelteile.
Der Wert des Einzelnen wird durch das Miteinander vervielfältigt.
Wir freuen uns auf das Gespräch!**

## TOOL 2
## Geschäftsführer-Beurteilung 2014

Liebe SHORT CUTS MitarbeiterInnen,

Eure Meinung ist uns wichtig! Wir sind immer auf der Suche nach Verbesserungsmöglichkeiten und schätzen die Reflektion. Deshalb haben wir ein paar Fragen an Euch für eine bessere Zusammenarbeit.

Wir bitten um wohlwollende Benotung [Schulnoten] und Kommentare.

### ZUFRIEDENHEIT MIT DER ARBEITSSITUATION

Wie zufrieden bist Du mit:

- den persönlichen Weiterentwicklungsmöglichkeiten?
- den fachlichen Weiterentwicklungsmöglichkeiten?
- der beruflichen Perspektive?
- der Möglichkeit Deine Arbeit mitzugestalten?
- der Möglichkeit Deine Arbeit selbst zu planen?
- der Möglichkeit Deine Arbeit frei von Anweisungen zu erledigen?
- den Möglichkeiten für Weiterbildung + Unterstützung?

### WIE EMPFINDEST DU DEN TEAMGEIST VON SHORT CUTS

- Wir haben einen guten Teamgeist.
- Die Mitarbeiter kommen gern zur Arbeit.
- Ich kann hier ich selbst sein.
- Die Mitarbeiter werden angemessen bezahlt.
- Ich finde es gut, wie wir mit unserer Unternehmenskultur einen Beitrag für die Gesellschaft leisten.
- Ich glaube, ich kann hier einen wichtigen Beitrag leisten.
- Als neuer Mitarbeiter fühlt man sich willkommen.

### FÜHRUNGSSTIL

Wie zufrieden bist Du:

- mit dem Geschäftsführer ganz allgemein?
- mit seiner fachlichen Kompetenz?
- damit, wie Du Anerkennung und Wertschätzung erfährst?
- damit, wie Du kritisiert wirst?
- damit, wie Du Deinen Fähigkeiten entsprechend gefördert wirst?
- damit, wie viel Zeit er Dir fachlich widmet?
- mit der Möglichkeit, mit ihm über arbeitsbezogene Probleme sprechen zu können?
- mit dem beiderseitigen Vertrauensverhältnis?
- mit der Nachvollziehbarkeit seiner Entscheidungen?
- mit der gerechten Behandlung der Mitarbeiter?
- mit der Durchsetzungsfähigkeit?
- mit dem Konfliktmanagement innerhalb der Unit?
- damit, wie er mit Dir Ziele vereinbart und Aufgaben bespricht?
- mit der Unterstützung durch Martin als Führungskraft bei Verbesserungsvorschlägen?
- mit der Umsetzung der für gut befundenen Vorschläge?
- mit der Art, wie die Führungskraft Entscheidungen, die Deine Arbeit betreffen, mit Dir bespricht?
- Wie schätzt Du den Führungsstil ein?
- Ich kann mich mit jeder arbeitsbezogenen Frage an ihn wenden und erhalte eine direkte Antwort.
- Man hält mich über wichtige Themen und Veränderungen auf dem Laufenden.
- Man bezieht die Mitarbeiter in Entscheidungen mit ein, die ihre Arbeit/Arbeitsumfeld betreffen.
- Man lässt seinen Worten Taten folgen.
- Wenn ich ungerecht behandelt werde und mich beschwere, dann wird damit fair umgegangen.

**Verbesserungsvorschläge für SHORT CUTS — Welche weiteren Anregungen und Wünsche oder Kritik hast Du?**

## TOOL 3
## Mitarbeiterstärken

**Stärken stärken.** Viele von uns haben mehr Stärken als sie selbst annehmen. Selbstbild und Fremdbild können enorm voneinander abweichen. Probieren Sie es einmal. Anhand von 80 Eigenschaften konnte jeder Mitarbeiter für sich und für die Kollegen 20 Eigenschaften ankreuzen. Jedem wurden so die ›stärksten Stärken‹ bewusster, die das Team in ihm sieht.

Deine Stärken

- ○ analytisch
- ○ anerkennend
- ○ anpassungsfähig
- ○ assoziatives Denken
- ○ aufgeschlossen
- ○ aufmerksam
- ○ ausdauernd
- ○ ausdrucksstark
- ○ ausgeglichen
- ○ begeisterungsfähig
- ○ belastbar
- ○ besonnen
- ○ detailorientiert
- ○ Durchsetzungsvermögen
- ○ einfühlsam
- ○ entscheidungsfähig
- ○ entschlossen
- ○ erkennt Zusammenhänge
- ○ experimentierfreudig
- ○ fachkompetent
- ○ fähig zu Spitzenleistungen
- ○ feinfühlig
- ○ fleißig
- ○ flexibel
- ○ führungskompetent
- ○ genau
- ○ genussfähig
- ○ glaubwürdig
- ○ gut im Planen
- ○ gut in der Umsetzung
- ○ gut strukturiert
- ○ Konzentrationsfähigkeit
- ○ gute Selbsteinschätzung
- ○ guter Berater
- ○ guter Kommunikator
- ○ guter Präsentator
- ○ guter Überblick
- ○ guter Verkäufer
- ○ guter Zuhörer
- ○ gutes Auftreten
- ○ gutes Urteilsvermögen
- ○ handlungsorientiert
- ○ hilfsbereit
- ○ humorvoll
- ○ ideenreich
- ○ intelligent
- ○ intuitiv
- ○ kann delegieren
- ○ kann führen
- ○ kann loben
- ○ klar strukturiert
- ○ kommuniziert klar
- ○ konfliktfähig
- ○ kontaktstark
- ○ kreativ
- ○ kritikfähig
- ○ kundenorientiert
- ○ leidenschaftlich
- ○ lernwillig
- ○ leistungsbereit
- ○ lösungsorientiert
- ○ mit klaren Zielvorstellungen
- ○ motiviert
- ○ neugierig
- ○ optimistisch
- ○ Organisationstalent
- ○ pragmatisch
- ○ präzise
- ○ pünktlich
- ○ redegewandt
- ○ risikobereit
- ○ schnell in der Umsetzung
- ○ schnelle Auffassungsgabe
- ○ selbstbewusst
- ○ selbstbewusst mit Kunden
- ○ selbstsicher
- ○ selbstständig
- ○ sicher
- ○ sparsam
- ○ spontan
- ○ State-of-the-Art
- ○ stress resistent
- ○ teamfähig
- ○ überzeugen
- ○ unabhängig
- ○ vertrauenswürdig
- ○ vielseitig
- ○ wissbegierig
- ○ wortgewandt
- ○ zuverlässig

## IM GEHEIMEN ... ODER AUCH NICHT
mal Dampf ablassen

**Blackbox für Feedback.** Die Blackbox hilft uns den informellen Teil unserer Unternehmenskultur zu beleuchten. Wichtig ist, dass hier anonymes Feedback zu gezielten Fragestellungen eingeholt werden kann. Es ist eine Einladung, das zu sagen, was man sich nicht traut, was aber unter Umständen einen starken Einfluss auf die Unternehmenskultur hat.

Die Geschäftsführung kann die eigenen blinden Flecken erkennen und besser auf die Bedürfnisse der Mitarbeiter reagieren. Manchmal ist das anonyme Feedback erhellender, als eine in einem Meeting gestellte offene Frage.

Den Mitarbeitern bietet die Blackbox die Möglichkeit, auch mal Dampf abzulassen und das zu sagen, was man sonst nur im Flurfunk tun würde. Wichtig ist natürlich, dass die Antworten ernst genommen werden und zu Konsequenzen führen.
So können negative Entwicklungen rechtzeitig erkannt und aufgelöst werden.

Themen für die Blackbox:

- Worüber wollt Ihr in den Mitarbeitergesprächen reden?
- Welche Themen haltet Ihr für besonders wichtig?
- Bewertung der Geschäftsführung
- Stärken der Mitarbeiter untereinander bewerten
- An welchen Zielen wollt Ihr Euch messen lassen?
- Was soll in Zukunft unbedingt verändert werden?

**TOOL 4**
internes Wiki

# 5 AUF VERTRAUEN BAUEN
## Kultur des Vertrauens



**Wissen schafft Transparenz.** Für alle neuen Mitarbeiter gut um anzukommen, aber auch für ›die alten Hasen‹ immer wieder einen Besuch wert: das ständig wachsende SHORT CUTS WIKI.
Hier wird alles zur Unternehmenskultur und Aktuelles zur Arbeit bei SHORT CUTS kommuniziert.

Das WIKI ist ein Tool der internen Unternehmenskommunikation, das sich super für ein effizientes Wissensmanagement eignet. Wissen ist für alle SHORTIES jederzeit zugänglich und auf dem aktuellem Stand.

Im WIKI finden SHORT CUTS Neulinge alles, was sie über die Agentur und das Arbeiten bei uns wissen müssen. Unser WIKI hilft uns, Standards zu etablieren und gibt neuen Mitarbeitern schnell Orientierung. Wichtiges wie z. B. Unternehmenswerte, Budgetbewusstsein, Wirtschaftlichkeit, Kundenkommunikation, Zeit- oder Qualitätsmanagement — alles das, was im Team erarbeitet wurde, wird dort festgehalten.

Das Wiki beschreibt auch detailliert die SHORT CUTS Corporate Culture. Vom Dresscode bis hin zur Empfangskultur und dem Kundentelefonat — hier findet jeder SHORTY ganz übersichtlich alle Infos.

**UNSER WIKI GARANTIERT DAS INTERNE WISSENSMANAGEMENT**
und formuliert die Unternehmenskultur

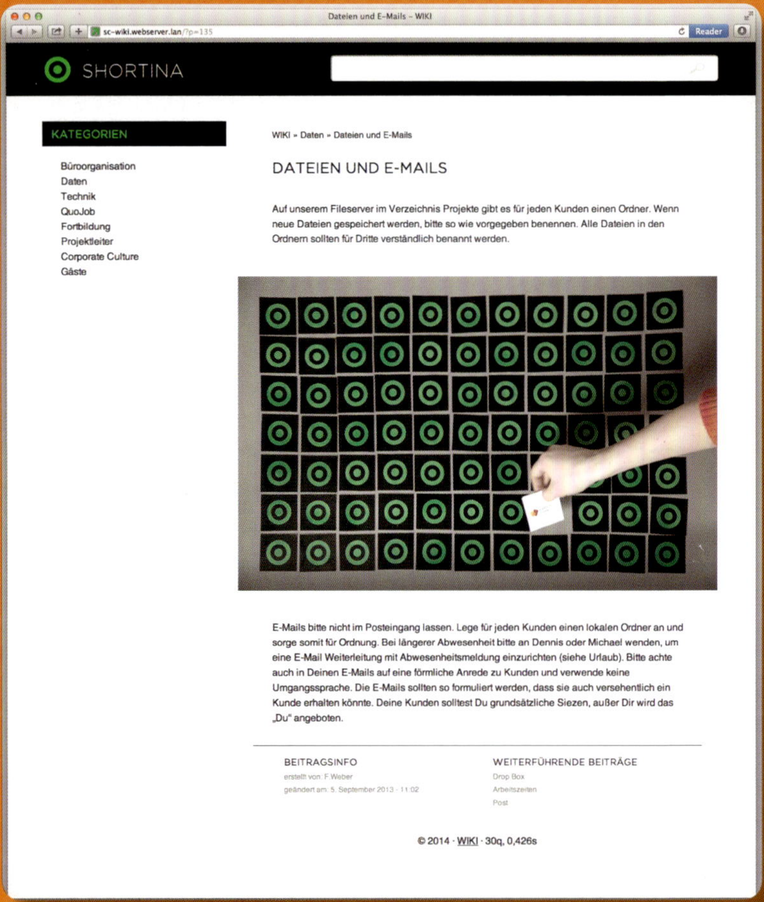

Dateien und E-Mails – WIKI

sc-wiki.webserver.lan/?p=135

SHORTINA

KATEGORIEN

- Büroorganisation
- Daten
- Technik
- QuoJob
- Fortbildung
- Projektleiter
- Corporate Culture
- Gäste

WIKI » Daten » Dateien und E-Mails

## DATEIEN UND E-MAILS

Auf unserem Fileserver im Verzeichnis Projekte gibt es für jeden Kunden einen Ordner. Wenn neue Dateien gespeichert werden, bitte so wie vorgegeben benennen. Alle Dateien in den Ordnern sollten für Dritte verständlich benannt werden.

E-Mails bitte nicht im Posteingang lassen. Lege für jeden Kunden einen lokalen Ordner an und sorge somit für Ordnung. Bei längerer Abwesenheit bitte an Dennis oder Michael wenden, um eine E-Mail Weiterleitung mit Abwesenheitsmeldung einzurichten (siehe Urlaub). Bitte achte auch in Deinen E-Mails auf eine förmliche Anrede zu Kunden und verwende keine Umgangssprache. Die E-Mails sollten so formuliert werden, dass sie auch versehentlich ein Kunde erhalten könnte. Deine Kunden solltest Du grundsätzliche Siezen, außer Dir wird das „Du" angeboten.

BEITRAGSINFO
erstellt von: F.Weber
geändert am: 5. September 2013 - 11:02

WEITERFÜHRENDE BEITRÄGE
Drop Box
Arbeitszeiten
Post

© 2014 · WIKI · 30q, 0,426s

*1. Dresscode*
Hier bei SHORT CUTS darf jeder seinen eigenen Style verwirklichen. Im Normalfall darf sich also jeder nach Lust und Laune individuell kleiden. Trotzdem solltest Du Dich bei einem Kundenbesuch dem Kunden bzw. der Branche anpassen.

*2. Telefon*
Für uns ist es wichtig, dass bei SHORT CUTS schon von Anfang an ein positives Gefühl vermittelt wird. Daher ist es wichtig serviceorientiert zu handeln und auf seine Formulierungen zu achten. Wir wollen dem Anrufer ...

*3. Verschwiegenheit*
Jeder Mitarbeiter hat eine Verschwiegenheitserklärung unterschrieben. Diese ist für unsere Kunden sehr wichtig. Bitte darauf achten, keine Interna über Kunden nach außen zu lassen ...

*4. SHORT CUTS Units*
Bei uns gibt es fünf Units mit jeweils einem Unitleiter.
Jede Unit organisiert sich selbst und koordiniert ihre Projekte. Meetings können jederzeit abgehalten werden. Ziel ist eine optimale Projektaufteilung, sodass die Kapazitäten innerhalb der Unit besser genutzt werden. Lasst Euch von unserem Teamspirit begeistern!

*5. Visitenkarten*
Die Visitenkarte immer dabei haben und mit einer besonders aufmerksamen, absichtlichen Kontaktaufnahme weiter geben.
Der erste Eindruck ist immer wichtig.

**KOMMUNIKATION IST ...** Verbesserungswünsche werden in Mitarbeitergesprächen oder durch direktes Ansprechen in den monatlich stattfindenden Teammeetings geäußert. Die regelmäßig aufgestellte Blackbox dient zusätzlich dazu, Kritik und Wünsche zu äußern. Das zeigt auch, dass die Geschäftsführung die Meinung eines jeden wertschätzt.

**... DER TANZ AM ...** Bei SHORT CUTS ist Tratsch und Klatsch nicht gern gesehen. Die Mitarbeiter sind daran interessiert, Konflikte direkt anzusprechen, da ihnen an einer positiven Unternehmenskultur etwas liegt. Sie merken, dass Ehrlichkeit sie weiter bringt. Auch durch die offene Raumstruktur hält sich Tratsch und Klatsch deutlich in Grenzen.

**... FEUER ...** Einmal im Jahr stellt sich die Geschäftsleitung in das Schussfeuer der Kritik. In einer anonymen Mitarbeiterbefragung wird direkt nach Verbesserungsmöglichkeiten für die Führung gefragt. Immer gut, wenn der informelle Teil der Unternehmenskultur sichtbar werden soll.

**... DES LEBENS.** In Teammeetings ist es wichtig, dass jeder einmal am Anfang kurz zu Wort kommt. Das schafft sofort eine gemeinschaftliche Atmosphäre.

## **FEEDBACK**
als Kultur

## 5 AUF VERTRAUEN BAUEN
### Kultur des Vertrauens

**Wach bleiben ist Neues finden.** Starke Kundenbeziehungen sind unsere Kraft. Um über uns hinauszuwachsen, dafür geben wir uns Feedbacks direkt nach Kundengesprächen.

*Was hätte besser laufen können?*
*Was war gut?*

Braucht ein Mitarbeiter kreativen und fachlichen Input, kann er einen anderen zu seinem Projekt befragen. Dafür haben wir auf der fachlichen Ebene den ›Schulterblick‹ eingeführt. ›Kreateffizienz-orientiert‹ werden so Projekte rekapituliert und aktuelle Entwürfe optimiert. So entstehen neue Denkanstöße und Impulse im Design.

## DANKE.
Wertschätzung für gute Arbeit

**Komplimente zu Weihnachten.** Ein kleines Mittel mit enormer Wirkung: Zum Fest der Liebe schenken sich unsere Mitarbeiter gegenseitig Komplimente.

Am Kaminfeuer werden heimlich oder persönlich formulierte Komplimente ausgesprochen. Jeder Mitarbeiter schreibt anderen einen kleinen Brief voller Komplimente. Dies schafft eine ganz besondere Atmosphäre.

Manche waren schon so überrascht von der Kraft der positiven Worte, dass sie emotional berührt waren. Komplimente am Kaminfeuer öffnen die Herzen und sorgen für echte Freude.
Für uns ist das ein Ausdruck der gegenseitigen Wertschätzung.

# 6

# WISSENSTRANSFER

*Kreation fällt nicht vom Himmel —*
*Lernen und Wachsen auf dem SHORT CUTS Weg*

LAUSITZER

## KOMMUNIKATION GESTALTET IDENTITÄT
## **LERNEN MIT DEM KUNDEN**

Innovation entsteht, wenn wir aus wirklich Neuem statt aus dem Bekannten schöpfen. Der Sprung ins kalte Wasser, um bekannte Denkschablonen, Sprechmuster oder Handlungsgewohnheiten zu verlassen erfordert Mut und lässt jeden wachsen. Mit Angeboten in unserer Agentur wie der internen Weiterbildungsbörse, der Academy oder dem Inspirationsfrühstück trainieren wir den Sprung ins kalte Wasser. Jeder hat die Chance, Wissen zu präsentieren und über sich hinaus zu wachsen.

Inspiriert von der ›Theory U‹ von Otto Scharmer haben wir uns auf die Entwicklung der kreativen und empathischen Fähigkeiten der Mitarbeiter fokussiert. Kreatives Design entsteht durch ein Gestalten aus der Zukunft. Über das sensible Hinhören auf das was der Kunde wirklich will und das Hineinspüren mit offenem Herzen entsteht eine klare gemeinsame Intention.

Wir als Designer entwickeln aus dieser gemeinsamen Intention die Kommunikation, die dem Kunden hilft, *seine* Kunden besser zu erreichen. Das Fingerspitzengefühl in der Umsetzungsphase, die oft von internen Veränderungen beim Kunden begleitet ist, erreichen wir durch unsere Offenheit im Mind, im Herzen und im Willen. Eine neue Identität entsteht in den Unternehmen meistens dann, wenn altes losgelassen ist.

*»Das Ergebnis einer solchen Begegnung ist, dass wir am Ende des Gesprächs nicht mehr die Person sind, die das Gespräch begann.«*
*[Scharmer]*

## 6 WISSENSTRANSFER
### Permanentes Lernen

**Permanentes Lernen** sehen wir als Teil unseres Wachstumsprozesses innerhalb unserer Agentur. Wird Lernen im Unternehmen als Wachstum verstanden, entfaltet sich auch die Kundenbeziehung im schöpferischen Prozess kreativ.

SHORT CUTS selbst sieht sich als lernende Organisation und ermöglicht Wachstum mit Coachings und regelmäßigen Seminaren. Wir haben bei SHORT CUTS eine interne Weiterbildungsbörse eingeführt. Mitarbeiter lehren Mitarbeiter. Da kann jeder zum Experten werden und Fachwissen präsentieren. Potenziale werden sichtbarer. Internes Wissen wird weitergegeben und ausgebaut. Ein sehr dynamischer Prozess entsteht, der auch schon viele unserer Kunden inspiriert hat.

Ob Verkaufstraining, Kundenkommunikation, Präsentation, Strategie oder Programmierskills — mit der internen Weiterbildungsbörse schulen wir uns gegenseitig zu Agenturthemen wie auch zu aktuellen Trends.

### Gute Stories, schlechte Stories

Storytelling I + II, Matt Bauer

»Guter Text lebt von gut gewählten Worten – von Geschichten, die Bilder im Kopf erzeugen.
Was aber ist eine gute Story?
Und wie erzählt man eine Geschichte ohne zu langweilen?
Das Fazit. Mut zum Drama!«
Unser Texter Matt führt uns in die Basics des professionellen Textens mit den Mitteln von Rhetorik, Dramaturgie und Storytelling ein.

### Corporate Design

Spaß am Raster, Britta Korpas

Corporate Design ist die Kunst der Gestaltung in festgelegten Größen.
Logos vermaßen, Raster und Schutzzonen definieren – das klingt zunächst nicht nach kreativer Verwirklichung.
Wie frei kann der Designer gestalten?
Und welche Freiheiten lässt er dem Kunden im Umgang mit den eigenen Corporate Design Elementen?
Britta fördert die Leidenschaft unsere Grafiker für konsistent gestaltete Erscheinungsbilder.
Und für mehr Spaß am Raster!

### Mitarbeiter für Mitarbeiter

Die interne Weiterbildungsbörse ist die Bühne für jeden, sich andern zu zeigen, Fachwissen zu präsentieren. 100 Euro gibt's, wenn man ein dreistündiges Seminar anbietet. Davon profitieren alle. Eine Double-Win-Situation wird geschaffen.
Im Weitergeben des Wissens lernt der Referent viel mehr dazu — und das Team auch. Mit einer internen Weiterbildungsbörse zeigen sich Talente. Eine Bühne, Wissen und mehr von sich zu zeigen.

Vom Lehren lernen: Wer Wissen weitergeben möchte, kann seinen Vorschlag an die schwarze Wand pinnen. Wenn sich genug Teilnehmer gefunden haben, wird das Seminar realisiert.





### Workshop-Themen

Fortbildung InDesign
Sebastian Eichhorn

Screendesign mit PS für Printer I + II
Armin Illge

Nondestruktive Bildbearbeitung
Alla Steinhoff

Business Make-up
Alla Steinhoff

Illustrator Tipps + Tricks
Daniel Bischoff

Wordvorlagen idiotensicher machen
Alla Steinhoff

HTML5 + CSS3
Julian Winkel

HTML und CSS für Fortgeschrittene
Kai Seliger

Serverseitiges JavaScript
Henning Otte

Typo3 – Extensions entwickeln
Henning Otte

**WISSEN**
weitergeben

**Inspirationsfrühstück.** Ob große Fotografie eines 14-jährigen namens Zev Hoover, animierte Kurzfilme mit unerwartetem Ende oder Megatrends wie Female Shift – alle zwei Monate frühstückt SHORT CUTS Inspirationen. Das Inspirationsfrühstück ist vor allem Bühne des kreativen Austauschs. An solchen Vormittagen präsentieren wir alles, was uns an herausragenden Techniken, Texten, Gestaltungen und Ideen zu eigenen Lösungen bewegt und inspiriert hat.

Webseiten, Magazine, Ausstellungen, Werbekampagnen und Texte können kreative Quellen sein. Der rege Austausch und die Interaktivität der Vorträge lässt uns als Kollegen besser kennenlernen, den einen oder anderen aus der Anonymität treten und – uns gegenseitig inspirieren. Zusätzlich haben wir hier auch die Möglichkeit das Präsentieren vor Publikum zu üben.

Vielleicht schlummern auch in Ihren Mitarbeitern verborgene Qualitäten, die Sie nicht erahnen können?

UNSER BLITZLICHT
kennt keine Langeweile

**Teammeetings mit Blitzlicht.** Ellenlange Monologe oder ausufernde Diskussionen — Teammeetings können richtig langweilig sein. Nicht so bei SHORT CUTS. Jedes Teammeeting wird bei uns anders gestaltet.

Blitzlicht-Style. Jeder Mitarbeiter präsentiert mit einem kurzen Blitzlicht den Stand seines Projektes. Dies soll nicht länger als eine Minute pro Mitarbeiter sein. Uns ist wichtig, dass sich am Beginn des Meetings jeder gezeigt hat und alle wissen, was jeder macht. Das baut Atmosphäre auf, schafft Wissensaustausch und Interaktion.

Perspektivwechsel. Mal wird aus der Perspektive des Kunden über das Projekt erzählt, dann wird eine Geschichte zum Projekt erfunden und so das Projekt ganz anders vorgestellt. Das macht die Teammeetings zu einer weiteren Bühne, wo wir Präsentationstechniken ausprobieren und entwickeln. Diese abwechslungsreiche Struktur der Teammeetings, die immer unter einem anderen Gesichtspunkt stattfinden, hält uns wach.

**MONATLICHES**
Teamleiter-Treffen

## 6 WISSENSTRANSFER
Permanentes Lernen

**Kleine Runde: Unternehmerisches Denken.** Alle Projektleiter treffen sich regelmäßig einmal im Monat. In diesen Treffen, die ›Kleine Runde‹ genannt werden, schult die Geschäftsleitung alle Projektleiter für ein besseres Unternehmerdenken innerhalb ihrer Projekte.

Themen wie Wirtschaftlichkeit und Effizienz, Controlling aber auch Softskills wie Qualitätsmanagement, Zeitmanagement und Konfliktmanagement werden bezogen auf SHORT CUTS durchgearbeitet. Dabei gibt die Geschäftsleitung neue Impulse und Blickwinkel. Spannend ist vor allem, dass dabei neueste Managementkonzepte integriert sind.

Die Projektleiter geben durch die Organisationsstruktur das Wissen der ›Kleinen Runde‹ direkt in ihre Teams weiter. Dies fördert Offenheit und Transparenz durch kurze Entscheidungswege. SHORT CUTS — die Agentur der kurzen Wege.

Generell ist unsere Agentur so ausgerichtet, dass jeder in seinen Projekten eine hohe Selbstverantwortung trägt und auch viele Entscheidungen selbst trifft. Deshalb werden die Schulungen durchgeführt, so dass jeder lernt, einen Blick für das Ganze des Projektes zu entwickeln.

## Karriereanker

Sicherheit
Work-Life-Balance
Idealist
Selbständigkeit
Totale Herausforderung
Unternehmer
Manager
Fachkompetenz

**Neue Schätze entdecken.** Jeder Mitarbeiter hat ein anderes Grundmotiv, das ihn auf seinem Berufsweg leitet. Jede Karriere ist individuell. Da helfen die Karriereanker. Ein Konzepte der Arbeits- und Organisationspsychologie, das beschreibt, wie Menschen sich in der Arbeitswelt definieren. Die Auseinandersetzung mit den Karriereankern hat uns vieles in den Alltag übernehmen lassen. Zwei Beispiele:

Anker Work-Life-Balance.
Ein flexibles Arbeitszeitmodell ermöglicht Müttern wie Vätern Familie und Arbeit gut zu vereinbaren.

Anker Fachkompetenz.
Strategieworkshops. Neuromarketing. Projektleitertrainings. Im Austausch mit anderen Unternehmern und Coaches integrieren wir praxisnahe Erfahrungen, erweitern Projektleiterkompetenzen sowie strategische und planerische Tools in internen und externen Weiterbildungen.

Zusätzlich unterstützen wir Mitarbeiter mit Coachings. Das hilft sehr, sich der eigenen Wertesysteme und Glaubenssätze – auch der Unbewussten – in Bezug auf die Arbeit, das Unternehmen oder in ihrer Rolle im Team, bewusster zu werden.

COACHING
mit Profis

**Brand Content**

Florian Breßler hilft Unternehmen und Institutionen, ihre Marke zu verstehen, zu entwickeln und zu stärken. Sei es strategisch, visuell oder über die Botschaften der Marke. Aus mehr als 12 Jahren Projekterfahrung als Geschäftsführer der wirDesign GmbH und Inhaber von BRESSLER BRAND CONTENT kennt er die kleinen und großen Fragen der praktischen Markenführung sehr gut. Als Referent und Workshop-Coach beschäftigt er sich außerdem mit der Organisation sowie der Implementierung von Designprozessen und Markenstrategien.

*f.bressler@web.de*

**Präsentations- und Kommunikationstrainings**

Für gelungene Kommunikation im Kundenkontakt und sympathisches, souveränes Präsentieren vor Gruppen buchen wir die Trainerin und Diplom-Psychologin Birgit Permantier.

*www.birgit.permantier.de*

## Karrierecoaching

Für die individuelle Karriereentwicklung lassen sich einzelne Mitarbeiter bei Tina Reinshagen coachen. Welches Ziel verfolge ich mit meiner Arbeit? Was kann ich tun, um mich zu entfalten? Karrierecoachings entwickeln Perspektiven der Persönlichkeit.

*www.reinshagen-coaching.de*

## Hypnocoaching

Für frei fließende Kreativität gibt Mario Schwenninger Seminare und Coachings mit Methoden aus NLP, Hypnose und Trance. In traumähnlichen Zuständen, also im Alpha Zustand, lassen sich unbewusste Barrieren erkennen und verändern.
Insbesondere Kreativitätsblockaden werden entdeckt. Mit Ankern aus dem NLP können in diesem Zustand neue Links auf positive Situationen gesetzt werden. Neues Verhalten entsteht.

*www.hypno-coaching.berlin*

NATASCHA KORNILOWA
Junior Designerin
Illustration
Reitsport
JULIA HEIN
Junior Art Direktorin
Text-Bild-Schere
ARMIN ILLGE
Senior Designer
Screen Design
Musik
BRITTA KORPAS

# 7

# ORT FÜR PERSÖNLICHKEITEN

*Wo beginnt Freiheit?*
*Persönliches Wachstum entfaltet sich im Jetzt —*
*Am richtigen Ort*

Team 2

## UNTERNEHMENSKULTUR **FORMEN**

Ein Unternehmen stellt den Raum, in dem Persönlichkeiten wachsen können. Unter idealen Bedingungen entfaltet sich lebendiger Ausdruck. SHORT CUTS sieht das Wachstum der einzelnen Persönlichkeiten perspektivisch auch als Wachstum des gesamten Unternehmens.

Über 40 % unserer Mitarbeiter haben als Praktikanten bei uns angefangen und sich zu Projektleitern entwickelt. Somit wurde ihnen bei SHORT CUTS die Möglichkeit geboten, sich beruflich weiter zu entwickeln. Von Anfang an werden Azubis bei uns eingebunden. Mit der Veränderung vom Praktikanten bis hin zum Projektleiter geht eine entsprechend steigende Lohnentwicklung einher.

Durch die lange Zusammenarbeit mit eigenen Kunden erwuchs für jeden die Möglichkeit, den Projekt- und damit den Unternehmenserfolg individuell mit zu beeinflussen.
Daher beginnen wir schon mit der Förderung und Weiterbildung bei unseren Azubis und Praktikanten.

## **TEAMS**
## sind zusammen stark

Team LKA

**Wir entwickeln Persönlichkeiten.** Wir sehen uns daher als Ort der Entfaltung für unsere Mitarbeiter und unsere Kunden. Wir helfen beiden dabei, ihre Potenziale auszubauen. Gut ausgebildete Mitarbeiter können eigenständig den Kunden von Beratung, Strategieentwicklung und Umsetzung zu einer neuen kommunikativen Identität führen. Keine Methode allein kann Unternehmen entwickeln. Kommunikative und strategische Maßnahmen, die Unternehmensidentitäten und -persönlichkeiten gestalten sollen, braucht auch in unserem Team Mitarbeiter, die Persönlichkeit haben.

Eine gute Außendarstellung beginnt immer bei den inneren Werten. Diese zu entdecken, können Unternehmen im 5D Prozess durch den Dschungel der Kommunikationsinstrumente navigieren. In fünf Phasen — Definition, Discovery, Dream, Design und Destiny — wird die interne und externe Kommunikation von Grund auf angelegt, Ressourcen entdeckt und ein neues Image gestaltet. Unternehmenskultur, Employer Branding, Marketing 3.0 und Design — 5D baut die Kommunikation dort auf, wo sie stattfindet: im Unternehmen selbst. Ein authentisches Leitbild, gemeinsam entwickelte Strategien und Werte werden so zum festen Bestandteil jeder langfristig ausgerichteten Unternehmenskommunikation.

## TECHNIK UND DESIGN
sind zusammen stark

Team ENTERTAIN

**Ein gutes Team** besteht immer aus unterschiedlichen Individuen, die sich ihrer Stärken und Schwächen bewusst sind und wissen, dass man einander ergänzt.

Uns ist es wichtig, dass unsere Auszubildenden begeistert von ihrer Arbeit sind. Sie sind jung und wollen sich selbst verwirklichen. Daher haben wir die Struktur bei uns so angelegt, dass sie von Anfang an bei Kunden mit dabei sind und von den alten Hasen lernen können. Sie übernehmen frühzeitig viel Verantwortung.

Team COCO

»SHORT CUTS war in Bezug auf meine Ausbildung ein guter Arbeitgeber, da ich hier viele erfahrene Ansprechpartner aus den Bereichen hatte, welche meine Ausbildung [Mediengestalter, Digital/Print] verlangt hat. Ich wurde sehr schnell an die eigenständige Programmierung von Firmen-Webseiten herangeführt. Wenn ich nicht mehr weiter wusste, hatte ich die Möglichkeit, auf ein Team von erfahrenen Programmierern und Screendesignern zurückzugreifen, die mir weitergeholfen haben.« Kai Seliger startete als Azubi bei SHORT CUTS.

# 8

# CORPORATE FREIZEIT

*Tanke Kraft,*
*finde Ideen und Freunde*

WWW.GRUENES-HAUS-UCKERMARK.DE

# 8 CORPORATE FREIZEIT
## Wellness, kreative Meetings, Spaß

GRÜN
**ENTSPANNEN**



An sich gibt es so etwas wie Corporate Freizeit nicht. Wenn sie dann doch entsteht, ist das immer ein Zeichen für eine gesunde Unternehmenskultur.

30 km nördlich von Eberswalde, mitten in der malerischen Moränenlandschaft der Uckermark, steht das ›Grüne Haus‹. Wir nutzen es als Rückzugsort und Quelle der kreativen Inspiration. Fernab des Lärms und der Lichter der Großstadt entspannen wir uns hier umgeben von Pilzen, Kräutern und uralten Buchen und kommen auf ganz neue Ideen.

Kreativitätsfindung, Unternehmensvision, Programmiercodes, Foto-Lab, Klausurtagung oder Just-for-Fun: Mit Abstand auf die Agentur zu schauen, bringt neue Dynamik.

*Für Teams ist es wichtig,*
*sich auch außerhalb der normalen Rollen kennen zu lernen.*

**SCHNELL**
ans Ziel

# 8 CORPORATE FREIZEIT
## Wellness, kreative Meetings, Spaß



**Run for Fun.** Gesundheit ist weit mehr als Schlank-Sein. Auch wenn wir für Langfristigkeit einer guten Unternehmenskultur sind, bringen punktuelle Maßnahmen zwischendurch vor allem eins: Spaß!

Vitalität und Energie zu tanken, kreativ im Selbstausdruck zu sein — dafür braucht man Kraft. Teamspirit macht aus Kollegen Freunde. Mit gemeinsamen Sportveranstaltungen, einer Partykultur, Filmabenden, Poker- und Dart-Turnieren wird der Corporate Gedanke auch in der Freizeit lebendig. Corporate Freizeit kreiert zusätzlichen Zusammenhalt.



Sich selbst zu begegnen, dem Atem zu lauschen — Yoga ist eine Reise nach Innen. Yoga gibt Kraft, entgiftet und stärkt Konzentration und Selbstbewusstsein. Viele Spannungen und Blockaden können gelöst werden. Im Team entsteht eine andere Form der Begegnung. Auch ohne Worte. Mit viel Empathie.

Rennen bringt's. Nach vielen Stunden im Büro sorgt der Color Run oder der Berliner Firmenlauf für Adrenalin und Endorphin. Gemeinsam motivieren wir uns gegenseitig und toben uns richtig aus. Das hält uns fit und gibt uns nebenbei auch neuen Antrieb für unsere Projekte. Vielleicht mal ein Halbmarathon?

**AUSZEIT IST MANCHMAL DIE ABKÜRZUNG**
Kurze Pausen zwischendurch sorgen für neue Impulse

# 8 CORPORATE FREIZEIT
## Wellness, kreative Meetings, Spaß



**Massage.** Kurzurlaub zwischendurch. Schon wenige Minuten auf dem neuen Massagesessel und man fühlt sich wie neu. Der Keyton Class Sensor Spa Massagesessel massiert den ganzen Körper und sorgt für eine gute Durchblutung. Ein Ruhepol in unserer Agentur und eine gute Möglichkeit, für kurze Zeit der Arbeitsroutine zu entfliehen. Massage gut, alles gut.

**Darten.** Im Herzen unserer Agentur gibt es eine Dartscheibe, natürlich im SHORT CUTS Design.
In kurzen Denkpausen oder abendlichen Turnieren treten SHORTIES gegeneinander an. Manchmal haben wir auch eine XXL-Carrera-Bahn aufgebaut. Über 35 Meter wurden hier Autorennen gestartet.

**Kickern.** Hoch im Kurs steht auch unser Agentur-Kicker. Es gab bei SHORT CUTS schon mehrere Kickerturniere, die mit großem Ehrgeiz ausgefochten werden.

**ZUSAMMEN**
Quality Time verbringen

**Vielfältig feiern.** Viermal im Jahr organisieren wir als Teambuilding-Maßnahme für die Mitarbeiter ein Fest. Besonders in Erinnerung sind uns die Sommerfeste. Auf einem Partyfloß feierten wir auf den Potsdamer Havelseen mit traumhaften Ausblicken bis zum Sternenaufgang.

OPITZ
DIRECTOR

# 9

# EVENTS

*Erlebnisse schaffen bleibende Eindrücke*

**LANGE NACHT DER DESIGNSTUDIOS**
Nachtschicht 2014

**Die Geburtsstunde einer Marke: Indigo Pale Ale**
Zusammen mit 40 Designstudios setzten wir im Rahmen des Internationalen Designfestivals des DMY Berlin am 30.5.2014 in einer Extra-Nachtschicht #NST14 ein kreatives Statement der Markenentwicklung. ›How to Create a Brand in 6 Hours‹ — In limitierter Sonderedition hatten wir eigens zur Langen Nacht der Designstudios ein Indian Pale Ale gebraut und damit über 300 Gäste in die komplexe Welt der Markenentwicklung entführt.

Von der Logoentwicklung, einer Print-Werbekampagne, Fotoshooting bis hin zu Storytelling auf der Webseite und der Social Media-Integration: Im Live-Branding zeigte die von Create Berlin organisierte Nachtschicht bei SHORT CUTS die vielen Facetten, die hinter der Entwicklung einer Marke stehen. Design ist eben nicht genug.

**Zur Nachtschicht 2014. Indigo Pale Ale**
short-cuts.de/warum/nachtschicht/

**IHK VERANSTALTUNG**
**Potenzial Mitarbeiter**

**Ihre Kultur interessiert uns.** Der Austausch mit anderen Unternehmen ist uns sehr wichtig. Wir lassen uns gern von neuen innovativen Maßnahmen zur Entwicklung von Teamgeist begeistern. Sprechen Sie uns gerne an.

**POTENZIAL Mitarbeiter. Die IHK Berlin bei SHORT CUTS.**
Zusammen mit 70 Besuchern veranstalteten wir im März 2014 den Workshop als Auftakt zum IHK-Wettbewerbs ›Potenzial Mitarbeiter‹. Wir zeigten unsere Tools zur Entwicklung von starken Teams. Neun Themen stellten wir vor, die für uns im Alltag relevant sind und die bei uns einen festen Platz gefunden haben: Führungsstil, Corporate Identity, Teamspirit, Permanentes Lernen, Inspiration, Events, Wertekommunikation, Corporate Interior und Meetingkultur. Mit dem Input von unserer Seite in Form von Vorträgen entstand an den Working Stations für alle Besucher ein ganzer Pool an Inspiration zum Aufbau von Unternehmenskultur.

Wir waren selbst überrascht von der Resonanz und dem offenen Austausch. Das zeigt uns, dass auch für viele andere Unternehmen Investitionen in Teamentwicklung und die Förderung jedes einzelnen Mitarbeiters wichtig sind.

Zusammenhalt generiert sich zum Beispiel für manche Unternehmen durch regelmäßige ›Open Houses‹ zu innovativen Themen mit Kunden, Freunden oder Experten. Anderen ist es besonders wichtig, Meetings abwechslungsreich zu gestalten und sogar darüber hinaus als Präsentationsplattform zu nutzen. Wieder andere führen Innovationsworkshops durch oder treffen sich an ungewöhnlichen Orten. Die Bandbreite an Maßnahmen für Corporate Culture ist groß. Für uns ist daher auch in Zukunft das Gestalten einer lebendigen Corporate Culture Teil der Unternehmensstrategie.

**Mehr zu unseren aktuellen Events finden Sie auf:**
short-cuts.de/academy

**EINWEIHUNGSFEIER**
Sarottihöfe

9 **EVENTS**
Erlebnisse schaffen bleibende Eindrücke

**Schokotasting.** Sarottis ›Magier der Sinne‹ — der, der mit den Sternen jongliert — schaut jetzt jeden Tag in unser Fenster herein und inspiriert uns an unserem neuen Standort.
Mit einem sinnlichen schokoladigen Frühlingsfest feierten wir mit unseren Kunden und Freunden die Einweihung der neuen Räume unserer Agentur. Vor allem wurde die neue Bar eingeweiht und unsere neue schicke Einrichtung hier im Industrieloft der ehemaligen Schokoladenfabrik Sarottis bewundert.
Wo früher Schokolade gepresst, gewalzt und conchiert wurde, konnten bei unserem Schokoladenfest die Besucher vor allem eins: Genießen. Insgesamt gab es 48 Sorten Schokolade zu testen und 500 Pralinen dazu. Sogar ein Schokobrunnen faszinierte Groß und Klein. Ein süßes Vergnügen.
So wie der Sarotti-Mohr den Höfen im Mehringdamm 55 seine sinnliche weltoffene exotische Atmosphäre verleiht, steht er auch gleichzeitig für kreativen Unternehmergeist. Ganz in unserem Sinne.

**WERTEKOMMUNIKATION**
nach innen und außen

**Strategien zur Positionierung am Markt.** Wie Ihr Unternehmen auf andere wirkt, lässt sich strategisch gestalten. Welche Werte stehen für Ihre Unternehmen? Wie erreichen Sie Ihre Zielgruppe? Design, Werte, Stories — Kommunikation wirkt emotional. In der Gestaltung von Design zeigt sich immer wieder, wie wichtig es für Unternehmen ist, die eigenen Werte zu kennen. Klare Kommunikation ist Teil einer strategisch orientierten und nachhaltigen Unternehmensführung. Auch Corporate Identity baut darauf auf. Wie? Das zeigen wir in unseren Strategieworkshops. Für Unternehmer und Interessierte sowie Kunden und Freunde des Hauses gestalteten wir im November 2013 einen Abend, der durch ganz unterschiedliche Wertewelten der Kommunikation führte.

## 9 EVENTS
### Erlebnisse schaffen bleibende Eindrücke

Von der intuitiven Einführung in das Thema der Wertekommunikation bis zur Verortung des gesamten Unternehmens — an verschiedenen Stationen konnten unsere Besucher Neuromarketing erfahren. Fragen wie: Welcher Typ bin ich? Welche Werte sind mir wichtig? Für welche Werte steht mein Unternehmen? konnten an diesem Abend im Vortrag und Gespräch beantwortet werden.

Insbesondere der Wertetest sorgte für viel Diskussionsstoff. Interessant war dabei vor allem, wie sich mehrere Besucher des gleichen Unternehmens mit ihrem Ergebnis im Werteraum positionierten. Oft sehr ähnlich in Bezug auf Hierarchie oder Zielgruppen, manchmal auch ganz verschieden. Das rückte ganz neue Aspekte für unsere Besucher in den Fokus.

Auch spannend, wie die Werteverschiebung sich in der Kommunikation bekannter Marken ausdrückt. Viele Gäste waren fasziniert, wie mit Design Werte kommuniziert werden können. Vor allem die Komplexität von gutem Design war für viele neu. Strategisches Design, das auf Wertekommunikation basiert und die Grundsätze guter Gestaltung von Farbe, Form, Material, Kanälen, Tonalität, Headlines oder Bildsprache berücksichtigt, baut eine ganze Markenwelt um ein Unternehmen auf. Das spricht Zielgruppen nachhaltig an.

Erfahren Sie als Unternehmer mehr über die authentische Gestaltung von Unternehmen, Produkten und Marken mit neuen Tools aus dem Neuromarketing. In unserem nächsten Strategieworkshop.

smart
TARGETING
WERTEKOMMUNIKATION FÜR UNTERNEHMEN
Roxanne Liebe | Martin Permantier
sh●rt cuts
smart
TARGETING
WERTEKOMMUNIKATION FÜR UNTERNEHMEN
Roxanne Liebe | Martin

**Smart Targeting.** Marketing 3.0 verfolgt einen ganzheitlichen Ansatz, der den Menschen mit seinen Bedürfnissen, Anliegen und Werten in den Mittelpunkt aller kommunikativen Maßnahmen stellt. Wie Werte dann auch tatsächlich fest im Unternehmen und der Wahrnehmung von Kunden verankert werden, ist ein strategischer Prozess.
Wir haben Marketing 3.0 im neuen Buch ›smart TARGETING‹ jetzt praxisnah systematisiert und einen zukunftsträchtigen Ansatz entwickelt, der Strategie nachhaltig aufbaut und auch in unübersichtlichen Märkten für Profil sorgt. Für jeden Kommunikationsstrategen ein Muss.
›smart TARGETING‹ regt vor allem dazu an, den Werteprozess auch im eigenen Unternehmen durchzuführen. Infografiken, Übungen, Ihr eigenes Wertetarget. Steigen Sie jetzt ein.

**Smart Targeting**
**Alle Inhalte & Tests auf** wertekommunikation.info
Mehr zum Buch unter: short-cuts.de/smart-targeting

## WERTEKOMMUNIKATION
Workshop

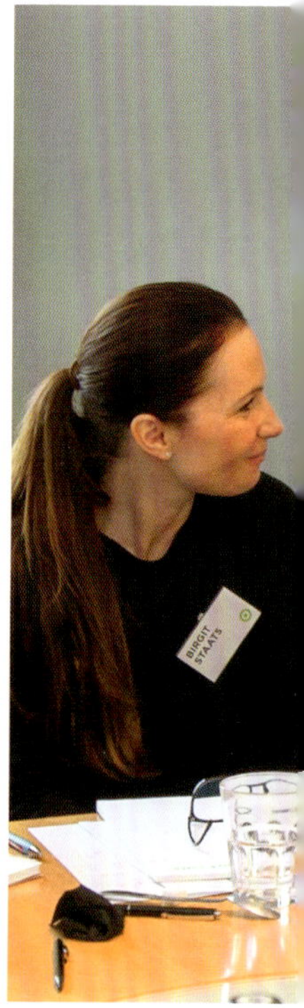


**Seminare und Workshops.** 2015 manifestierten sich die Veränderungen nicht nur in einem Umbau der Agentur. Kommunikation und Design können jetzt auch in Form kompakter Seminare zu spannenden Themen in der SHORT CUTS Academy gebucht werden. Designthinking, Content Marketing, Employer Branding in unseren Seminaren können Sie Ihr Wissen zu allen Fragen der Gestaltung von Kommunikation updaten.

Besuchen Sie uns mal auf: short-cuts.de/academy.

# 9 EVENTS
## Erlebnisse schaffen bleibende Eindrücke

### Employer Branding Seminar

Zwei Tage kompakt zu internen und externen Employer Branding Tools, die langfristig Unternehmen stark machen. 16.4./17.4.2015

short-cuts.de/wie/5d-unternehmensentwicklung

### Strategie Seminar

Mit diesem Seminar steigen Sie in Marketing 3.0 und Wertekommunikation ein.

short-cuts.de/warum/employer-branding-neue-tools-techniken

### Vorträge

Für ganz neue Denkanstöße zu innovativer Unternehmensgestaltung besuchen Sie einen unserer Vorträge.

short-cuts.de/wie/vortrage

## SCHLOSSHOTEL IM GRUNEWALD

*Wie kaum ein zweites Luxushotel in Berlin, vereint das Schlosshotel Im Grunewald den Glanz und die Glamour des vergangenen Jahrhunderts und kombiniert sie mit modernem 5-Sterne-Komfort. Diese Atmosphäre galt es im Look & Feel der neuen Webseite einzufangen: Große Bilder, elegante Typo und dezente Call-to-Action Elemente bieten dem Besucher der Seite verschiedene Serviceleistungen an. Über das CMS können die Hotelmanager die Seite pflegen, damit die Infos stets up-to-date bleiben.*

▸ schlosshotelberlin.com

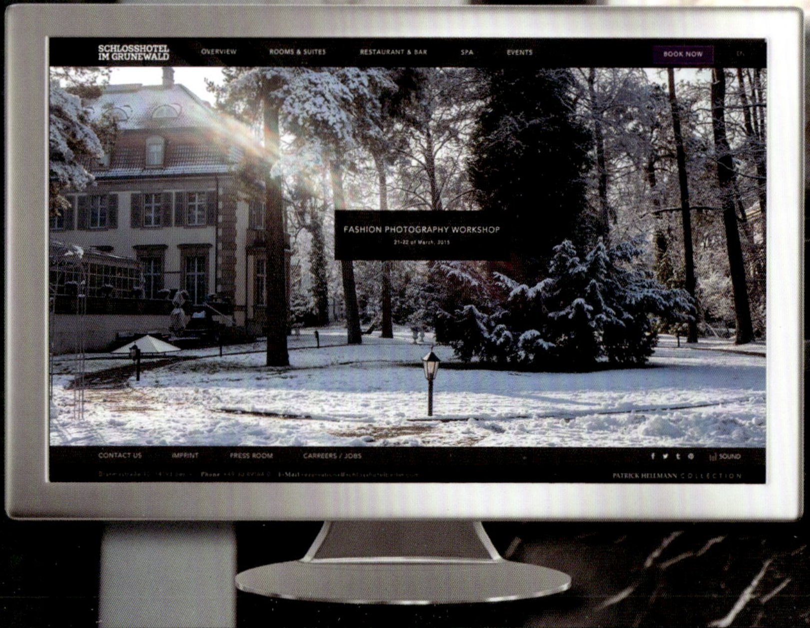

# 10

# STOLZ AUF DIE ARBEIT

*Tolle Projekte motivieren —*
*Die Arbeiten selbst sind die beste Motivation im Team*

**DEUTSCHER GRÜNDERPREIS**

*Seit über 10 Jahren betreuen wir den von ZDF, Porsche, Stern und Sparkasse initiierten Preis. Vormals als StartUp Initiative bekannt, formten wir seit 2006 den Deutschen Gründerpreis. Nicht als Preisträger – sondern als Leadagentur waren wir am 9. September zur Verleihung des Deutschen Gründerpreises 2014 eingeladen. Als solche haben wir neben dem neuen Corporate Design, dem opulenten Einladungspaket und einem hochwertigen Event-Magazin auch die neue responsive Website des ›Oscars‹ aller deutschsprachigen Gründerpreise entwickelt. Unsere Freude war deshalb nicht geringer. Erfolg hat eben viele gute Gründe.*

➤ deutscher-gruenderpreis.de

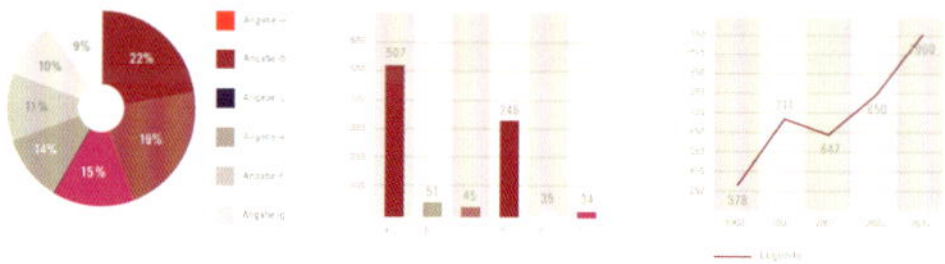

*Fotograf Clemens Bilan*

**WOLFF & MÜLLER**

*Kommunikation für den Baukonzern auf allen Kanälen – von Bildideen über Literatur bis zur Webseite.*
*Die größte B2B-Messe für Immobilien und Investitionen in Europa EXPO REAL bietet beste Bedingungen WOLFF & MÜLLER als eines der führenden Bauunternehmungen Deutschlands in privater Hand zu präsentieren – genau diese Aufgabe hat auch der Messestand: SHORT CUTS entwarf Messestände die ›Bauen mit Begeisterung‹ fassbar machen.*

➤ *wolff-mueller.de*

WOLFF & MÜLLER
BAUEN MIT
BEGEISTERUNG

**SSH**

*Nach dem Release der Imagebroschüre war dem Hamburger Unternehmen mit rund 250 Partnerfilialen und über 1.500 assoziierten Mitarbeitern ein Website-Relaunch besonders wichtig. Neben der Verbesserung des Nutzerdialogs und der Nutzerführung haben wir den Schadenexperten auch filmisch über die Schulter und auf die Finger geschaut. Beim Gutachtertag in Leese entstand das Rohmaterial für sechs informative Imagefilme, die den neuen SSH Webauftritt thematisch stützen.*

➤ *sshgmbh.de*

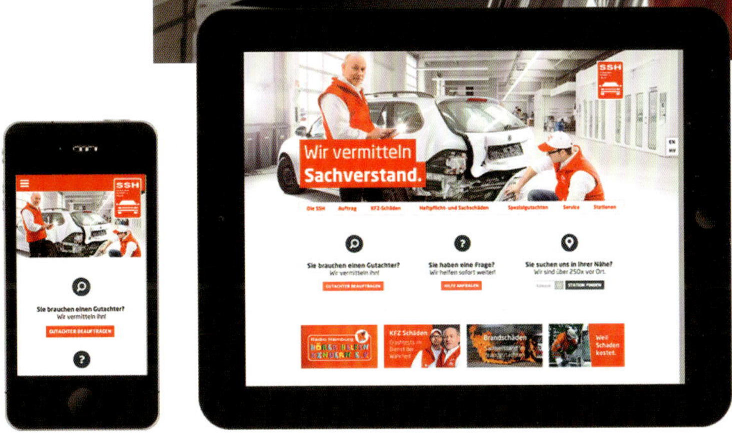

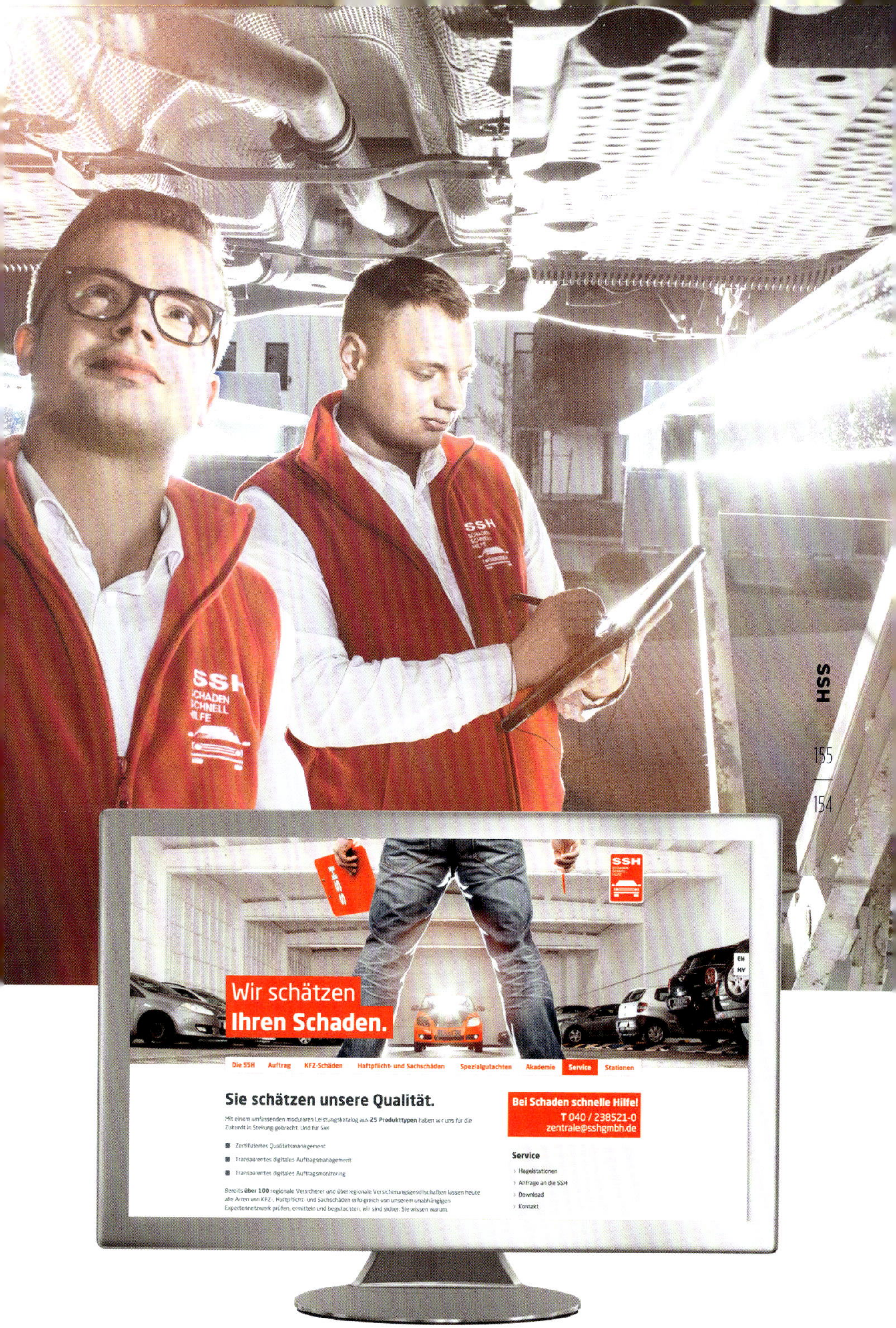
SSH
SCHADEN SCHNELL HILFE
Wir schätzen Ihren Schaden.
Die SSH
Auftrag
KFZ-Schäden
Haftpflicht- und Sachschäden
Spezialgutachten
Akademie
Service
Stationen
Sie schätzen unsere Qualität.
Mit einem umfassenden modularen Leistungskatalog aus 25 Produkttypen haben wir uns für die Zukunft in Stellung gebracht. Und für Sie!
Zertifiziertes Qualitätsmanagement
Transparentes digitales Auftragsmanagement
Transparentes digitales Auftragsmonitoring
Bereits über 100 regionale Versicherer und überregionale Versicherungsgesellschaften lassen heute alle Arten von KFZ-, Haftpflicht- und Sachschäden erfolgreich von unserem unabhängigen Expertennetzwerk prüfen, ermitteln und begutachten. Wir sind sicher: Sie wissen warum.
Bei Schaden schnelle Hilfe!
T 040 / 238521-0
zentrale@sshgmbh.de
Service
Hagelstationen
Anfrage an die SSH
Download
Kontakt

**DMS LOGISTIK**

*Die bewegen was.*
*Mit einheitlich gestalteter Kommunikation transportiert die DMS nicht nur Möbel sondern auch ihr Image deutschlandweit.*
*DMS ist zu einer Marke geworden, die jetzt auch komplexe Projekte im B2B-Bereich abwickelt.*

➤ *dms-logistik.de*

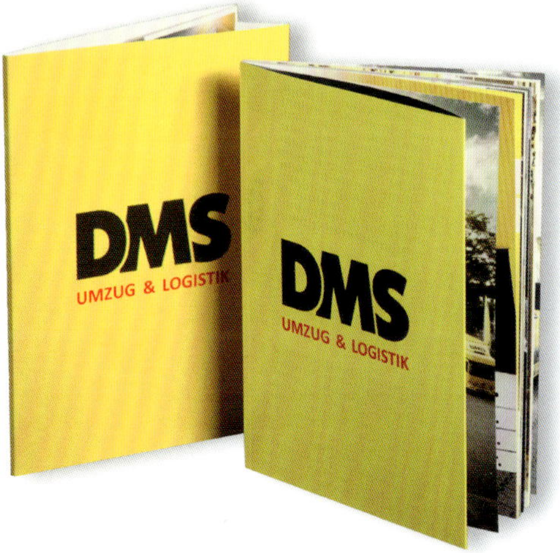

DMS LOGISTIK



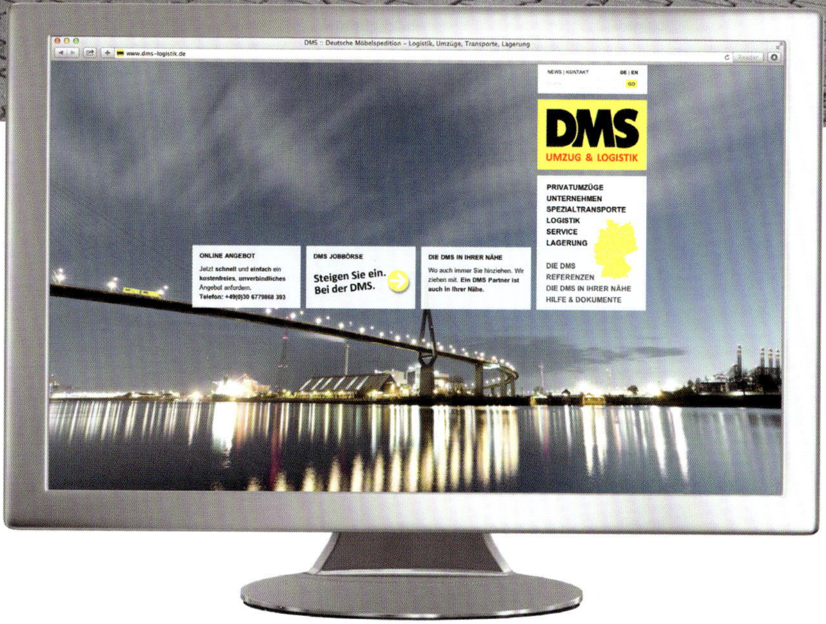

**MEDIA@HOME**

*Eine starke Gemeinschaft mit individuellen Ausprägungen — wir betreuen insgesamt fast 100 Händler unter der Dachmarke — von der Anzeige bis zur Zeitungsbeilage. Für das EURONICS Premium-Konzept schneiderte unsere UE-Unit dem ›Technik-Titan‹, Oliver Kahn, eine der aufmerksamkeitsstarken Kampagnen auf den Leib. Unter dem Headclaim ›Technik Kahn mehr‹ zeigen Plakate, Banner, Anzeigen sowie diverse Online- und Offline-Templates, warum die kunden-, service- und lösungs-orientierte media@home Technik mehr ›Kahn‹ als die der Mitbewerber.*

▸ *mediaathome.de*

TECHNIK
KAHN
MEHR
MEDIA@HOME
159
158
Partner von
EURONICS
Über 11.000 x in Europa
media@HOME

**HIFI IM HINTERHOF**

*Seelenverwandte aus Kreuzberg: Qualität und Leidenschaft zählen. Seit fast 20 Jahren betreuen wir alle Kommunikationsmaßnahmen des Spezialisten für Heim- und Unterhaltungselektronik. Über 20 Entertainment-Studios laden dazu ein, die Premium-Produkte live zu erleben.*
*Aber auch der Online-Handel ist heute für den Hauptstadtladen ein Muss. HiFi im Hinterhof konnte so auch international tätig werden.*

➤ *hifi-im-hinterhof.de*

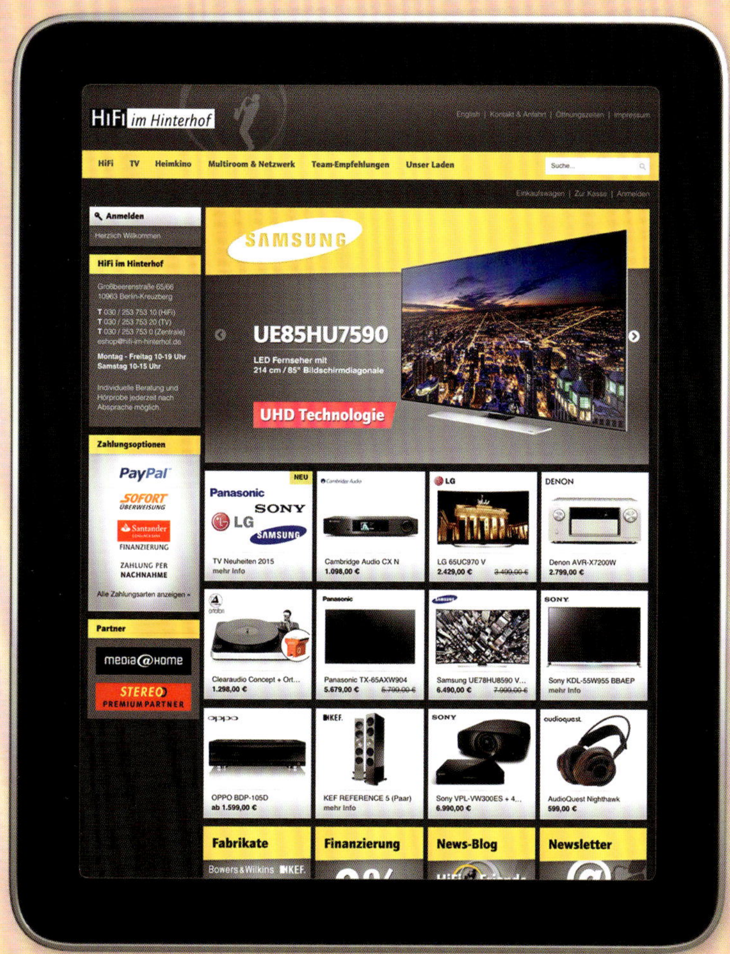
HiFi im Hinterhof
HiFi TV Heimkino Multiroom & Netzwerk Team-Empfehlungen Unser Laden
Anmelden
HiFi im Hinterhof
Montag - Freitag 10-19 Uhr
Samstag 10-15 Uhr
Zahlungsoptionen
PayPal
SOFORT ÜBERWEISUNG
Santander
FINANZIERUNG
ZAHLUNG PER NACHNAHME
Partner
media@home
STEREO PREMIUM PARTNER
SAMSUNG
UE85HU7590
LED Fernseher mit
214 cm / 85" Bildschirmdiagonale
UHD Technologie
Panasonic SONY LG SAMSUNG
TV Neuheiten 2015
Cambridge Audio CX N
1.098,00 €
LG 65UC970 V
2.429,00 €
DENON
Denon AVR-X7200W
2.799,00 €
Clearaudio Concept + Ort...
1.298,00 €
Panasonic TX-65AXW904
5.679,00 €
Samsung UE78HU8590 V...
6.490,00 €
Sony KDL-55W955 BBAEP
OPPO BDP-105D
ab 1.599,00 €
KEF REFERENCE 5 (Paar)
Sony VPL-VW300ES + 4...
6.990,00 €
AudioQuest Nighthawk
599,00 €
Fabrikate
Finanzierung
News-Blog
Newsletter

## BOWERS & WILKINS

*»Der beste Lautsprecher ist nicht der, der das Meiste aus einer Aufnahme herausholt, sondern das Wenigste von ihr verliert.« Das sagte Unternehmensgründer John Bowers [1923–1987] bereits 1966. Seither werden bei Bowers & Wilkins in England perfekte Lautsprecher gefertigt. In der langjährigen Zusammenarbeit mit der B&W Group Germany GmbH haben wir Anzeigenstrecken, Kampagnen, Broschüren, Dialogmarketing-Aktionen, Webportale und Events realisert. Bis heute betreuen wir die B&W Group Germany insbesondere im Bereich Anzeigenkonzeption, Image und Corporate Design.*

*www.bowers-wilkins.de*

MASERATI
Bowers & Wilkins
Passion, power and
excellent performance
www.sevennotes.com

Das Ziel ist das Ziel!